Das Glück wohnt überall

Eine inspirierende Reise
um die Welt

Katharina Teimer & Inka Vigh

DAS GLÜCK WOHNT ÜBERALL

Eine inspirierende Reise
um die Welt

arsEdition

INHALT

Glück
entsteht oft
durch Aufmerksamkeit
in kleinen Dingen,
Unglück oft durch
Vernachlässigung
kleiner Dinge.

Wilhelm Busch (1832–1908),
deutscher Dichter, Zeichner, Maler

6

Was ist Glück?

Wo finden wir es? Sind es die Schmetterlinge im Bauch, wenn man einen geliebten Menschen trifft? Das Hochgefühl, wenn man einen spektakulären Sonnenuntergang sieht? Der Geschmack eines erlesenen Weins auf der Zunge des Kenners? Das erste Wort, das ein Kleinkind spricht, oder seine ersten Schritte? Ein kurzer Glücksmoment also, der schnell vergeht, aber lange im Gedächtnis bleibt und den Alltagstrott wärmt?

Oder ist das Glück ein wohliges Grundgefühl von Geborgenheit, Sicherheit, Freiheit, Gemeinschaft und Frieden? Das Lebensglück, das erhalten bleibt und uns schwere Zeiten mit leichterem Herzen durchleben lässt?

Und eine weitere Frage: Wie nehmen die Menschen Glücksmomente und ein bleibendes Glück wahr in unterschiedlichen Kulturen? Wie versuchen sie, ihrem Glück auf die Sprünge zu helfen oder Unglück abzuwenden mit kleinen und großen Glücksbringern und Bräuchen?

In diesem Buch nehmen wir Sie mit auf eine Reise durch unterschiedliche Länder und über die Kontinente der Erde, immer auf der Suche nach Antworten. Einiges mag skurril erscheinen, anderes wird erstaunen in seiner Ähnlichkeit über die Kulturen hinweg und vieles kann eine Anregung sein für den eigenen Alltag. Viel Spaß bei der Suche nach dem Glück!

RUSSLAND

DER Glückliche GLEICHT EINER SEMMEL MIT Honig.

Russisches Sprichwort

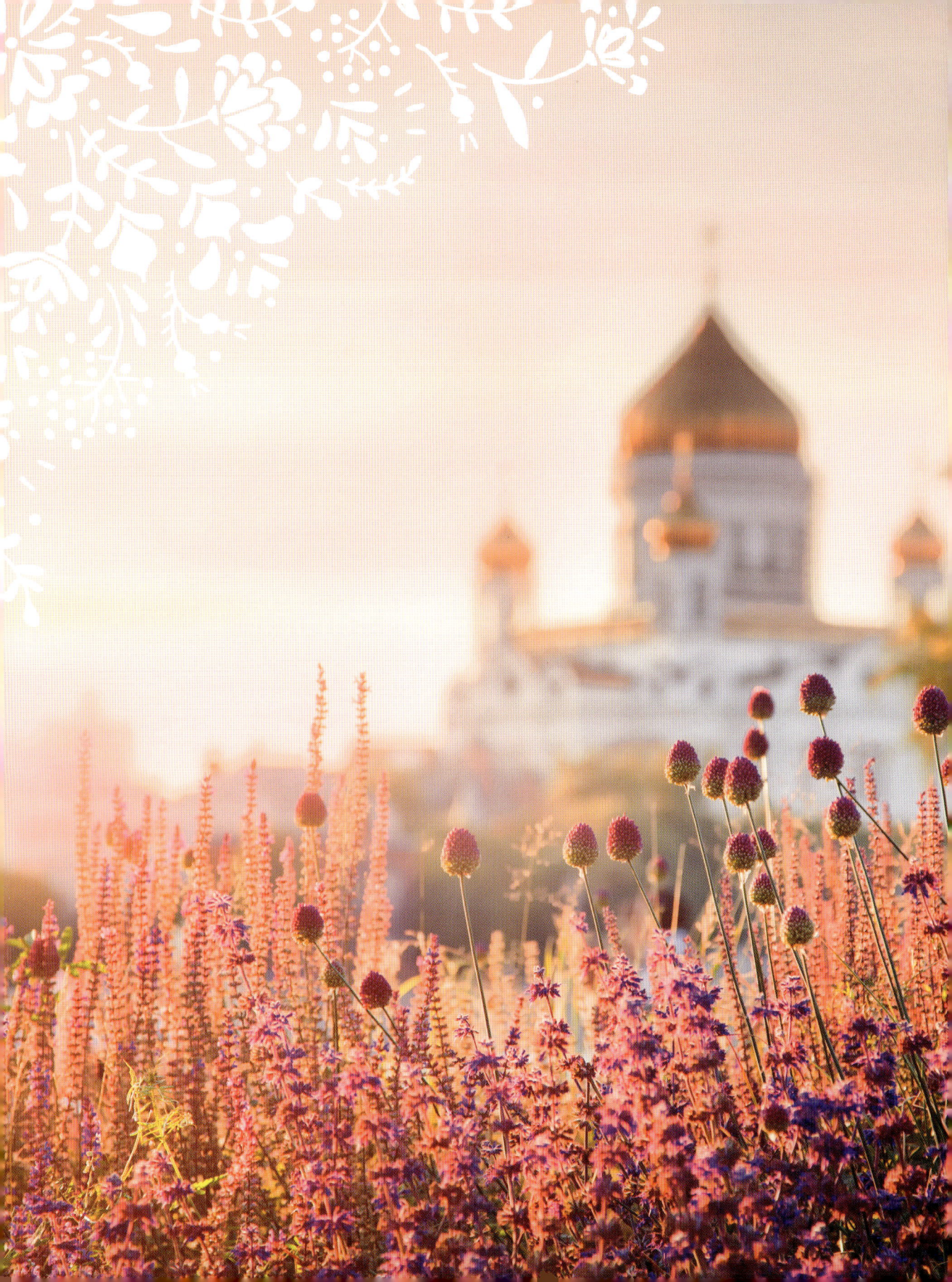

Die russische Seele

Russen gelten als besonders abergläubisches Volk. Unabhängig vom Bildungsniveau und der gesellschaftlichen Stellung machen sie ihr Glück von äußeren Umständen, Zufällen und gebräuchlichen Verhaltensweisen abhängig. Wer sich als Ausländer in Russland aufhält, wird das sofort merken und sich über einige Auswüchse wundern oder gar amüsieren.

Der Glaube, das eigene Schicksal und persönliche Glück beeinflussen zu können, stammt ursprünglich aus Traditionen der Slawen, die bis ins heutige Russland erhalten geblieben sind. Die slawische Weltanschauung war ein komplexes System, regiert von unterschiedlichen Göttern, Geistern, von guten und bösen Mächten. Diese wollten im Alltag und bei besonderen Anlässen mit Bräuchen und Festen besänftigt oder um Unterstützung gebeten werden. So war jede wichtige Handlung geprägt von Handgriffen und kleinen Gesten, die das glückliche Gelingen sichern sollten. Kleine und größere Spuren davon machen bis heute zu einem großen Teil die typische Außenwirkung der Menschen in Russland aus, die sogenannte „russische Seele". Die alten Mächte sind als mythologische Gestalten wie Baba Jaga, Hausgeist oder Waldgeist in russischen Sprichwörtern, Märchen und Gebräuchen zu finden oder eben im vielschichtigen alltäglichen Aberglauben.

Selbst die Zeit des Kommunismus haben sie unbeschadet überlebt und werden heute mit Hingabe erhalten und gepflegt: In den Buchhandlungen findet man Werke wie die „Enzyklopädie des russischen Aberglaubens", und 2002 wurde in Uglitsch, einer Kleinstadt nördlich von Moskau, ein privates „Museum des russischen Aberglaubens" eröffnet.

KLEINE RUSSISCHE
Glückskunde
FÜR ANFÄNGER

Alles, was im Regen anfängt, nimmt ein gutes Ende.

Eine gefundene Münze bringt Glück, wenn sie mit der Kopfseite nach oben liegt. Sollte die Zahl nach oben zeigen, lässt man sie besser liegen.

Einen Buckligen auf dem Weg zu treffen, bringt Glück. Noch mehr Glück bringt es, seinen Buckel anzufassen.

Zerbrochenes Porzellan bringt Glück ins Haus.

Einen Storch zu sehen, bringt Glück.

Wer am 1. April jemanden aufzieht, hat ein Jahr lang Glück.

Und einige gängige russische Bräuche,

die Glück bringen oder Unglück abwenden sollen:

⚡ Als Ehrengast wird man mit Brot und Salz empfangen.

⚡ Vor längeren Reisen sollten der Reisende sowie alle Verwandten, die gerade im Haus sind, sich kurz auf einen Stuhl oder Koffer setzen. Das bringt Glück für die Reise.

⚡ Vergisst man etwas und kehrt in die Wohnung zurück, sollte man unbedingt in einen Spiegel schauen, bevor man zum zweiten Mal die Wohnung verlässt.

⚡ Um Unglück zu vermeiden, sollte man schwarzen Katzen aus dem Weg gehen. Sollte man einer begegnen und nicht ausweichen können, hilft es, einen Knopf an der Jacke festzuhalten.

⚡ Dreimal auf Holz klopfen oder dreimal über die Schulter spucken verhindert Misserfolge.

⚡ Leere Flaschen sollten sofort unter den Tisch gestellt werden, auf dem Tisch bringen sie Unglück.

⚡ Spinnen in der Wohnung bringen Geld ins Haus und sollten auf keinen Fall getötet werden.

Glück
& Unglück
tragen einander
huckepack.

Russisches Sprichwort

Vom Hund, der Glück bringt

Millionen Menschen eilen jeden Tag durch die unterirdischen Gänge und prächtigen Marmorflure der Moskauer Metro. Meistens werden die unterirdischen Paläste von den Passanten keines längeren Blickes gewürdigt, zu groß ist das Gedränge und die Eile weiterzukommen. Eine der wenigen Stationen, wo nicht nur Touristen, sondern auch Moskowiter kurz innehalten, ist der Revolutionsplatz zwischen Rotem Platz und Bolschoi-Theater. Hierher kommen die Menschen nicht nur wegen der Verkehrsverbindung, sondern um sich Glück zu verdienen, indem sie eine ganz besondere Hundeschnauze berühren. Neben achtzig Bronzeskulpturen des St. Petersburger Künstlers Matway Manizer, die Berufe der sowjetischen Bürger darstellen, steht ein eher unscheinbarer Grenzsoldat mit einem sitzenden Hund an seiner Seite. Über die bereits blank gerubbelte, golden glänzende Bronzenase des treu blickenden Hundes zu streichen, soll Glück bringen. Daran glauben die Menschen hier mit aller Kraft. Und wer glaubt, findet seine Bestätigung in den folgenden Ereignissen: Da schafft einer eine wichtige Aufnahmeprüfung, eine andere findet eine gut bezahlte Arbeit oder trifft einen lange vermissten Freund wieder. Selbst ein kleiner Umweg wird in Kauf genommen, um dem Hundestandbild seine Referenz zu erweisen.

Und wer ist er, dessen Nase so viele Menschenhände anzieht? Muchtar – so soll der an einen deutschen Schäferhund erinnernde vierbeinige Held heißen – ist der tierische Hauptdarsteller eines Films aus dem Jahr 1965. Durch seinen Spürsinn und seine Treue erleichtert er auf der Leinwand einem Kriminalkommissar die Arbeit. Wie viele Menschen tatsächlich an den treuen Glücksbringer glauben, beweisen die langen Schlangen von Studenten, die vor wichtigen Prüfungen einmal kurz bei Muchtar vorbeistreichen. Mit seiner Berühmtheit ist der Hund mittlerweile nicht mehr ganz alleine: Auch anderen Statuen an Muchtars Seite werden besondere Kräfte zugeschrieben. Der Hahn beispielsweise soll Glück in Geldangelegenheiten bringen, und streichelt man sein Gefieder, soll ein Kinderwunsch in Erfüllung gehen. Ob es hilft, wissen nur die Menschen, die es versucht haben. Sicher ist, dass die von Studenten ins Leben gerufene Tradition bei den abergläubischen Moskowitern auf offene Türen trifft. Viele Menschen streicheln sicherheitshalber alle Figuren – eine davon wird sicher die passende Glückssträhne bringen.

China

GLÜCK IM UNGLÜCK

Ein langes Leben, Glück und Reichtum – das sind in China die wichtigsten Ziele für den Lebensweg. Ob das Glück erreicht wird, hängt vom persönlichen Einsatz des Einzelnen und vom Zufall beziehungsweise von göttlicher Gnade ab. Ein gewisser Fatalismus zeigt sich in der Auffassung, dass der Mensch selbst kaum ermessen kann, ob ein Ereignis ihm in Zukunft zum Glück oder Unglück gereichen wird. Ein berühmtes und in China viel zitiertes Gleichnis darüber ist die Geschichte vom alten Mann an der Grenze, der sein Pferd verloren hat.

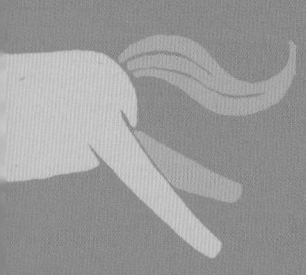

Der alte Mann an der Grenze,
der sein Pferd verloren hat

(Sàiwēngshīmǎ)

Es lebte einmal ein alter Mann mit seiner Familie an der Grenze zum Mongolenreich. Sie waren sehr arm und besaßen nur ein einziges Pferd als Arbeitstier, das sie des Nachts auf der Weide ließen. Eines Morgens, als der Alte zur Weide kam, war das Pferd verschwunden. Die ganze Familie trauerte wegen des Verlustes, und aus der Nachbarschaft kamen die Menschen herbei, um die Familie zu trösten. Der Einzige, den dieses Ereignis wenig zu berühren schien, war der alte Mann, was er, darauf angesprochen, mit wenigen Worten zum Ausdruck brachte. Was verloren ist, ist verloren. Man sollte keine unnötige Trauer darüber empfinden, sondern lernen, damit umzugehen. Wer weiß, welchen Sinn es hat. Und wie durch ein Wunder kam das verloren gegangene Pferd einige Tage später von selbst zurück. Doch war es nicht alleine, sondern brachte ein kleines Wildpferdfohlen mit, sodass die Familie jetzt zwei Pferde besaß. Voller Freude über dieses Ereignis eilten die Nachbarn herbei, um der Familie ihre Glückwünsche zu überbringen. Wieder war es der alte Mann, der zur Ruhe mahnte und zum Ausdruck brachte, dass die Freude nicht übertrieben werden sollte. Nach einer Zeit der Zuwendung schloss der jüngste Sohn der Familie enge Freundschaft mit dem fremden Wildpferd, sodass er es nach einiger Zeit auch reiten konnte. Während einer seiner täglichen Ausritte jedoch strauchelte das Pferd, und der junge Mann stürzte so unglücklich, dass er sich ein Bein brach. Wiederum wurde der Familie von allen Seiten Bedauern über dieses Missgeschick entgegengebracht. Warum seid ihr so betrübt, sagte der alte Mann. Alle Dinge haben ihren festen Lauf. Nichts davon lässt sich wegnehmen, nichts hinzufügen. Wer weiß, warum dieses Unglück geschehen ist. Ein paar Jahre später verschlimmerte sich die Grenzsituation zwischen dem Reich der Mitte und dem Mongolenreich. Alle jungen Leute wurden zur Armee eingezogen. Weil aber der Junge der Familie Beschwerden mit seinem Bein hatte, konnte er bei seiner Familie bleiben.

Das Glück – oder Unglück – in Zahlen

Ähnlich wie die Zahl 13 im europäischen Kulturraum, ist im asiatischen Raum, also auch in China, die Zahl Vier negativ belastet und soll Unglück bringen. Selbst die positive Assoziation mit den vier Himmelsrichtungen oder den vier Elementen als eine Größe zur Ordnung der Welt fehlt der Vier in China. Hier kennt man inklusive der in Europa nicht extra beachteten Mitte fünf Weltrichtungen und fünf Elemente (Metall, Holz, Erde, Wasser und Feuer). Die negative Belastung der Vier (Si) beruht auf dem Gleichklang mit dem Wort für Tod (Si). So extrem wird die Zahl als Unglückszahl empfunden, dass man sie möglichst vermeidet, beispielsweise bei der Gästezahl wichtiger Feiern, dem Datum für bedeutende Unternehmungen oder Produkt- und Serienreihen von Wirtschaftsgütern. Eine der für Touristen spürbaren Auswirkungen der Verbannung der Zahl Vier ist ihre Vermeidung in Hotels. Hier wird nach Möglichkeit jede Zahlenkombination mit der Vier ausgelassen. Der vierte oder vierzehnte Stock wird nicht benannt, bei den Zimmernummern fehlt die Vier völlig. Dieses Weglassen der „Unglücksstockwerke" führt jedoch zu kuriosen Situationen: Ein Haus mit 70 nummerierten Stockwerken hat tatsächlich nur 53 Stockwerke, weil die 4, 14, 24, 34, 40, 49, 54, 64 und als Entgegenkommen für die westliche Welt auch die Zahl 13 weggelassen werden. Bei aller Vermei-

dungskunst können selbst in China einige – allerdings durchweg positive – Bezüge zur Zahl Vier nicht ganz vermieden werden: Es gibt vier Jahreszeiten, vier Wundertiere, vier Schätze der Kalligrafie, vier Bücher der Philosophie und im Konfuzianismus kennt man vier wichtige Moralprinzipien.

Im Gegensatz zur verpönten Vier ist ihre Verdoppelung, die Acht, in China wie im restlichen Asien äußerst positiv besetzt und gilt als Glücksbringer besonders für wirtschaftliche Lebensbereiche. Wieder rührt das Phänomen vom Gleichklang des Wortes für Acht (ba) mit dem Wort für Wohlstand und Reichtum (fa). Wer sich also in China für ein geschäftliches Vorhaben besonders dringend Erfolg wünscht, der sollte versuchen, die Unterzeichnung auf ein Datum wie den 8. August zu legen. Von den Chinesen selbst werden hohe Geldbeträge bezahlt, um Autokennzeichen, Telefonnummern oder Kontonummern mit möglichst vielen Glück verheißenden Achten zu bekommen. Selbstverständlich wurde das Glückszeichen Acht auch bei den Olympischen Sommerspielen 2008 (!) in Beijing konsequent angewendet: Die Zeremonien zur Eröffnung begannen am 8. August 2008 um 20:08 Uhr Ortszeit. 80 Staats- und Regierungschefs waren als Ehrengäste geladen und es wurden während der Spiele Wettbewerbe in 28 Sportarten ausgetragen.

Das Glück suchen

In einem alten chinesischen Märchen fragt die kleine Prinzessin
Aju den weisen Gelehrten Ju Mi: Wohnt das Glück der Menschen
dort oben auf den leuchtenden Sternen, ehrwürdiger Vater?
Nein, mein Kind, antwortet dieser, das Glück wohnt in unseren
Herzen. Aber da verirrt sich selten jemand hin.

DAS GLÜCK SELBST BACKEN

Das Verstecken von Nachrichten in Gebäck hat in China eine lange
Tradition, die ins 13. Jahrhundert zurückführt. Damals wurden ge-
heime politische Botschaften in Mondkuchen eingebacken. Heute
findet man im Glückskeks eher hausbackene Allerweltssprüche und
Binsenweisheiten, deren Interpretation ist jedoch dem Leser über-
lassen.

Rezept für Glückskekse [ca. 16 Stück]

40 g Mehl

10 g Speisestärke

50 g Puderzucker

50 g weiche Butter

1 Eiweiß

1 EL Öl

1 Prise Salz

2 EL kaltes Wasser

Alle Zutaten verrühren und den Teig eine Stunde lang quellen
lassen. Texte auf schmale Papierstreifen schreiben. Kreisschab-
lone (Durchmesser circa 9 cm) aus Pappe zuschneiden. Backofen auf 160°C (Umluft 140°C) vorheizen. Blech einfetten bzw.
mit Backpapier auslegen. Pro Keks etwa einen Teelöffel Teig im
Kreisausschnitt der Schablone dünn ausstreichen, auf dem Blech
auslegen und sechs bis acht Minuten backen, bis die Ränder
goldgelb sind. Kekse vom Backpapier nehmen, Papierstreifen in
die Mitte legen, den Teig in der Mitte darüberklappen, die Kanten andrücken und die Ecken zueinanderbiegen. Zum Abkühlen
in eine Tasse oder ein Muffin-Blech legen, damit die Kekse ihre
gebogene Form behalten.

Willst du für eine Stunde glücklich sein, so betrinke dich.
Willst du für drei Tage glücklich sein, so heirate.
Willst du für acht Tage glücklich sein, so schlachte
ein Schwein und gib ein Festessen.
Willst du aber ein Leben lang glücklich sein,
so schaffe dir einen Garten.

Chinesisches Sprichwort

Feng Shui – Harmonie als Glücksrezept

Der Begriff Feng Shui ist in Europa kein Fremdwort mehr. Wie er jedoch auf die asiatische Art richtig zu verstehen ist, wissen viele Europäer nicht. Seine Wurzeln hat das Feng Shui in der chinesischen Sichtweise auf das Universum, die alles auf die fünf Grundelemente Feuer, Metall, Erde, Holz und Wasser verteilt. Außerdem ist das gesamte Universum von Lebensenergie durchströmt, dem Qi. Das Wort Feng Shui besteht aus den chinesischen Schriftzeichen für Wind und Wasser, steht also für die Formen und Eigenschaften der Naturkräfte, das Fließen und die Veränderung von Lebensenergie. Das der Philosophie des Feng Shui zugrunde liegende Konzept ist folgerichtig die Wechselwirkung zwischen Mensch und Umgebung, die das Unterbewusstsein wahrnimmt und verarbeitet. Nur ein sehr kleiner Teil der so aufgenommenen Eindrücke gelangt ins wache Bewusstsein, der Rest beeinflusst unbewusst unser Denken und Handeln. Unser Unterbewusstsein entscheidet über unser Verhalten und damit unsere Wirkung auf andere Menschen. Feng Shui dient als Methode, uns diese Vorgänge bewusst zu machen beziehungsweise sie gezielt positiv zu beeinflussen und äußerliche wie innerliche Harmonie herzustellen. So kann jeder Mensch zum Erfolg im Leben selbst beitragen, das eigene Lebensglück aktiv mitbestimmen – chinesisch gesprochen: das Qi zum Fließen bringen. Ursprünglich war Feng Shui eine Methode, gute Siedlungsplätze zu suchen, indem Merkmale der umgebenden Landschaft, Himmelsrichtungen und Jahreszeiten beobachtet und berücksichtigt wurden. So entstand bis zu ersten Aufzeichnungen um 500 vor Christus ein zusammenhängendes System. Heute dient Feng Shui in Asien hauptsächlich zur Stärkung des wirtschaftlichen Erfolgs von Unternehmen. Die ursprüngliche Anwendung für den Wohnbereich ist eher in der westlichen Welt üblich.

Durch den Ausgleich der fünf Elemente, die Berücksichtigung der Lehre des Yin und Yang und die Anwendung der Prinzipien des „Buches der Wandlungen" („Yijing"), eines Grundlagentextes der konfuzianischen Literatur, soll die Lebensenergie Qi in einem Haus oder Garten positiv beeinflusst werden. Fließt das Qi richtig, soll das den Menschen, die sich in solcher Umgebung aufhalten, Glück, Reichtum, Gesundheit und ein langes Leben bringen. Ein falscher Fluss oder Stau der Lebensenergie bringt dagegen Unglück und Krankheit. Deshalb versucht Feng Shui, die positive Energie zu stärken und negative Kräfte zu meiden. Ein einfaches Beispiel dafür ist das Vermeiden von Ecken und Kanten bei der Gestaltung von Gebäuden, Wohnräumen oder Gärten, damit Qi ungehindert fließen kann.

Chinesische Glücksbringer

Glücksbringer sind in China sehr beliebt und kommen aus den unterschiedlichsten Lebensbereichen. Da gibt es Vögel wie Elster und Gans für das Eheglück, Laternen bringen demjenigen Glück, der durch ihren Schatten wandert, Knallkörper vertreiben Dämonen. Früchte wie Orange und Pflaume, die Süße des Bienenhonigs, schön geformte Wolken, Spiegel, eher kriegerische Gegenstände wie die Hellebarde sowie der bunte Regenbogen, an dessen Ende Gold zu finden sein soll – sie alle stehen für den Wunsch nach Lebensglück.

Besondere Bedeutung haben die vier Wundertiere Drache, Fenghuang (vogelartiges Fabelwesen), Qilin (auch als „chinesisches Einhorn" bezeichnet) und Schildkröte. Laut chinesischer Mythologie haben sie dem Schöpfer Pangu bei der Erschaffung der Welt geholfen.

Der chinesische Drache hat einen schlangenähnlichen Körper, vier Beine und ein Geweih. Obwohl er keine Flügel besitzt, kann er sowohl laufen als auch fliegen. Besonders wichtig ist für die Bedeutung des jeweiligen Drachen seine Farbe. Goldene und gelbe Drachen symbolisieren den Kaiser und den Sommer. Ebenfalls für den Sommer und die Himmelsrichtung Westen stehen rote Drachen. Blaue und grüne Drachen symbolisieren den Frühling und den Osten. Schwarze Drachen, Symbole für den Norden, werden meist als schlechtes Zeichen gedeutet und stehen für Dürrezeiten. Wie die roten Drachen können sie Stürme verursachen, wenn sie miteinander kämpfen. Der weiße Drache symbolisiert den Herbst und den Süden. Drache und Fenghuang, der chinesische Glücksvogel, werden dem Kaiserpaar zugeordnet, der Drache dem Kaiser, der Fenghuang der Kaiserin.

Der Fenghuang ist ein dem Phönix ähnliches Fabelwesen und besteht aus fünf heiligen Farben. Sein grüner Kopf steht für Güte, der weiße Hals für Gerechtigkeit, der rote Rücken für Anstand, die schwarze Brust für Weisheit und die gelben Füße für Treue und Glaubwürdigkeit. Außerdem steht er für Barmherzigkeit und das Prinzip des Yin und Yang. Gesehen wird der unsterbliche Fenghuang nur bei der Geburt bedeutender Menschen, dann gilt er jedoch als außerordentliches Glückssymbol. Ein weiteres Fabeltier, *das Quilin* hat den Kopf eines Drachen, die Hufe eines Ochsen,

den Schwanz eines Löwen und den Bart eines Karpfens. Es trägt ein Hirschgeweih und sein Körper ist mit Drachen- und Fischschuppen bedeckt. Es gilt als ein sehr friedliches Tier, das Liebe, Güte und Gerechtigkeit verkörpert, sich nur von Pflanzen ernährt und selbst das Gras, über das es läuft, nicht zertrampelt. Wenn ein Qilin erscheint, deutet es auf die Ankunft eines weisen Herrschers hin. Eine Legende besagt, dass zu Zeiten des Konfuzius ein Qilin eingefangen wurde. Weil das Volk das Tier nicht kannte und ein schlechtes Zeichen vermutete, wurde es getötet. Konfuzius soll darüber so betrübt gewesen sein, dass er alle Hoffnung verlor und sein historisches Buch, an dem er gerade gearbeitet hatte, nie vollendete. Das vierte der chinesischen Wundertiere, *die Schildkröte*, steht für Langlebigkeit, Ausdauer und Stärke. In der Mythologie wird sie als Trägerin der Welt dargestellt. Sie verkörpert die Mitte, das Element Erde, den Beginn der Schöpfung und steht für Fruchtbarkeit, Regeneration sowie das Unsterbliche.

Abgesehen von ihrer mythologischen Bedeutung, finden sich die vier Wundertiere in der chinesischen Astrologie wieder als Sternbilder und Symbole für die vier Himmelsrichtungen. Außerdem sind sie im chinesischen Alltag gegenwärtig, beispielsweise als Figuren und Elemente von Bewegungsübungen im Tai Chi Chuan, das die Lebensenergie im Körper in Harmonie bringen soll.

Ein im europäischen Raum eher negativ besetztes Tierchen hat in China das Glück quasi gepachtet: die Fledermaus. Ihr Schriftzeichen klingt ausgesprochen genau wie das Zeichen für Glück, ihr voller Name klingt wie die Zeichen für „glücklich werden". Doch eine Fledermaus alleine genügt nicht, es sollten mindestens fünf sein. Die stehen nämlich für das Prinzip der fünf Glückseligkeiten: Gesundheit, langes Leben, Reichtum, Tugendhaftigkeit und einen schnellen natürlichen Tod. Bei so viel Glück ist es kein Wunder, dass die kleinen Flugkünstler in China als Ornament und Teile von Verzierungen häufig zu finden sind – wenn man nur genau genug hinsieht.

DÄNEMARK

»DAS VERGLEICHEN IST DAS Ende DES Glücks & DER Anfang DER UNZUFRIEDENHEIT.«

Søren Kierkegaard (1813 – 1855),
dänischer Philosoph, Schriftsteller und Theologe

Liegt das Glück der Dänen in den Genen? Oder: Glück in der Liebe

Seit Mitte der 1970er-Jahre fragt die Europäische Kommission von Zeit zu Zeit nach, wie glücklich die Europäer sind. Das Europabarometer und andere Zufriedenheits-Umfragen zeigen immer wieder, dass die Dänen auf dem Gebiet des Glücks weit vorne liegen. Laut einer Umfrage der Hamburger Stiftung für Zukunftsfragen aus dem Jahr 2011 haben sich 96 Prozent der dänischen Bevölkerung als glücklich bezeichnet. In keinem der anderen 13 befragten Länder war die Quote auch nur annähernd so hoch. Der erste *World Happiness Report* der Vereinten Nationen zeigt 2012 ein ähnliches Bild: Die unglücklichsten Menschen lebten laut Bericht in Afrika, die glücklichsten in Nordeuropa und die mit Abstand allerglücklichsten in Dänemark. Auch bei der zweiten Auflage ein Jahr später änderte sich das Ergebnis nicht.

Warum also sind die Dänen so glücklich mit ihrem Leben? Den bisherigen Begründungstheorien wie stabilem Wohlstand, einem Leben im fürsorglichen Sozialstaat und dem toleranten sozialen Umgang untereinander fügten zwei Wissenschaftler der britischen Universität Warwick im Jahr 2014 einen weiteren möglichen Aspekt hinzu. In einer Studie erforschten sie, ob gute Gene mit dem Glücksempfinden der Menschen zu tun haben könnten. In 143 Ländern wurde der sogenannte genetische Abstand der Einwohner zu den Genen der dänischen Bevölkerung untersucht. Das Ergebnis der Studie zeigt, dass Länder, in denen große Unzufriedenheit herrscht, einen großen genetischen Abstand zum dänischen Erbgut haben, und umgekehrt glückliche Weltbürger eine der dänischen ähnliche Genstruktur aufweisen. Weitere Ähnlichkeiten wie geografische Nähe, ähnliche Kultur oder vergleichbare Sozialsysteme haben die Wissenschaftler in ihrer Statistik ausgeklammert.

Nur ein Gen wurde genauer untersucht: 5-HTTLPR. Dieses Gen gibt es in zwei Varianten, sogenannten Allelen: kurz oder lang. Es steuert die Aufnahme des Glückshormons Serotonin in den Gehirnzellen. Träger der kurzen Ausprägung sollen anfälliger für Depressionen sein. Die Ergebnisse von durchgeführten Gentests zeigten, dass in Ländern, deren Einwohner sich als unzufrieden beschreiben, mehr Menschen mit der kurzen Ausprägung des Gens leben. In den Niederlanden, wo die Menschen sehr zufrieden sind, ist das kurze Allel selten. In Deutschland kommt das Allel durchschnittlich häufig vor – die Deutschen sind mittelmäßig zufrieden. Im glücklichen Dänemark trägt nur ein sehr kleiner Anteil der Testpersonen das Gen mit kurzem Allel.

Für die Annahme eines dänischen Glücksgens spricht ebenfalls die dritte Beobachtung des Forscherteams bei Untersuchungen in den USA: Sie zeigt, dass Amerikaner mit dänischen Vorfahren besonders zufrieden sind.

Was die Statistik betrifft, ermahnen die Wissenschaftler jedoch zur Vorsicht, denn ein Zusammenhang zwischen den Genen und dem Glücksempfinden ist nicht hundertprozentig nachgewiesen.

Gene hin oder her, die Dänen sind so oder so besonders in Sachen Glück: Bei einer Umfrage der Europäischen Kommission im Jahr 2008 wurden die Bürger der EU-Länder gefragt, wovon ihr Glück abhängt. Gesundheit wurde überall von der Mehrheit als wichtigster Faktor gewählt. Nur den Dänen war für ihr Glück die Liebe wichtiger.

Glück ist wie ein kleiner, lebhafter Hund, der mit dem Schwanz wedelt. **Glück** kann aber auch sein, einen kleinen, traurigen Hund zu streicheln, sodass er anfängt, mit dem Schwanz zu wedeln.

Willy Breinholst (1918–2009),
dänischer Humorist und Autor

Hyggelig

Das Gegenteil von hibbelig – ein heimliches Glücksrezept

Es gibt ein Geheimrezept für das dänische Glück: „Hygge" – das Prinzip von Geselligkeit und Genuss. Einer der dänischen Autoren, die es beschrieben haben, ist Meik Wiking, Geschäftsführer des Happiness Research Institute in Kopenhagen. Sein in der deutschen Übersetzung 2016 erschienenes Buch „Hygge – ein Lebensgefühl, das einfach glücklich macht" versucht, die dänische Lebensphilosophie zu erklären. Übersetzt bedeutet „Hygge" etwa Gemütlichkeit oder Geborgenheit und dreht sich eher um die erlebte Atmosphäre als um bestimmte Dinge. Eine treffende wörtliche Übersetzung in andere Sprachen existiert für den Begriff nicht, er kann also außerhalb des Dänischen nur umschrieben werden. Gemeint ist ein Grundgefühl, wie es entsteht bei einem angenehmen, gemütlichen Abend mit guten Freunden, Gesprächen über die großen und kleinen Dinge des Lebens oder einem Kakao bei Kerzenschein. Es wird von Forschern als eine Art Ausgleich für den stressigen Arbeitsalltag und die dunklen, klirrend kalten Winterabende in Dänemark beschrieben. „Hygge" funktioniert aber nicht nur im Winter. In Dänemark bedeutet es im Sommer zum Beispiel, viel Zeit in der Natur zu verbringen, am besten mit der ganzen Familie. Gemeinsam schwimmen, picknicken, spielen oder einfach nur die warmen Strahlen der Sonne und die unendlich langen nordischen Sommertage genießen. Egal zu welcher Jahreszeit, eines sollte „Hygge" immer sein: ein behagliches Gefühl von Vertrautheit, Sicherheit und Wärme.

Glücksmomente nach dänischer Art

Selbst gebackene Muffins naschen, auf der Terrasse sitzen und die Jahreszeiten genießen, gemeinsam mit der Familie oder Freunden die Wohnung dekorieren, mit der schnurrenden Katze kuscheln oder mit dem Hund auf einer großen Wiese stundenlang spielen: Die Liste der Dinge, die „hyggelig" sein können, ist unendlich lang, weil es sehr individuell und damit für jeden Menschen anders ist.

Wer es testen möchte, kann es mit einem der folgenden „Hygge"-Rezepte probieren:

Im Winter

Den Tisch mit vielen echten Bienenwachskerzen dekorieren, die angenehmen Duft und warmes Licht schaffen. Dazu einige Zweige von Nadelbäumen für ein bisschen Grün im Wintergrau. Mindestens einen Freund/eine Freundin einladen. Dazu Gløgg (die skandinavische Variante des Glühweins) und selbst gebackene Plätzchen reichen und – genießen!

Im Sommer

Mit dem Fahrrad eine Tour zu guten Freunden unternehmen, dort gemeinsam grillen und den warmen Abend im Freien genießen. Wer es besonders dänisch haben will und Fisch mag, kann auch eine typisch dänische Spezialität probieren, das Smørrebrød. Dafür werden Schwarzbrotscheiben mit Hering, Krabben, Roastbeef, Zwiebel, Gewürzgurken und weiteren Zutaten je nach Geschmack reichlich belegt. Dazu ein „Øl" (gesprochen: Öl) – dänisches Bier –, dann ist der dänische Abend perfekt.

Rezept für Gløgg:

1 l Rotwein

100 ml dänischer Brøndums
(alternativ Wodka oder Korn)

10 g Zimtstange
(in kleine Stücke gebrochen)

20 Nelken

1 kleines Stück Ingwer
(geschält und geschnitten)

1 TL Kardamom (zerstoßen)

1½ Pomeranze oder Orange (geriebene Schale)

300 g Zucker

1 TL Vanillezucker

nach Geschmack Mandeln (gehäutet) & Rosinen

Alle Gewürze in ein Glas mit Schraubverschluss geben, mit dem Schnaps auffüllen und 24 Stunden ziehen lassen. Danach durch einen Kaffeefilter abseihen. Wein und Schnaps in einen Topf geben, Zucker, Vanillezucker, Mandeln und Rosinen zufügen und den Gløgg vorsichtig erwärmen.

Happiness Research Institute

ERFORSCHTES GLÜCK –
DAS HAPPINESS RESEARCH INSTITUTE IN KOPENHAGEN

Wer von vielen Seiten als glücklichstes Land der Welt beschrieben wird, weckt die Neugier der Wissenschaft – auch in den eigenen Reihen. Wo kommt das eigene Glück her und wie kann man es genauer bestimmen? Diese und ähnliche Fragen führten in Kopenhagen im Jahr 2013 zur Gründung des Happiness Research Institute. Es ist eine unabhängige Forschungseinrichtung, die sich mit Themen wie Zufriedenheit, Glück und Lebensqualität beschäftigt. Das Ziel der Kopenhagener Wissenschaftler ist es, beispielsweise Entscheidungsträger in Wirtschaft und Politik über Gründe und Auswirkungen des menschlichen Glücks zu informieren und so die Lebensqualität der Menschen auf der ganzen Welt zu verbessern.

Gibt es etwas Beglückenderes, als einen Menschen zu kennen, mit dem man sprechen kann wie mit sich selbst? Könnte man höchstes Glück und tiefstes Unglück ertragen, hätte man niemanden, der daran teilnimmt?
Freundschaft ist vor allem Anteilnahme und Mitgefühl.

Marcus Tullius Cicero (106–43 v. Chr.),
römischer Redner und Staatsmann

Das Glück liegt fernab von sozialen Netzwerken. Oder? – Die Dänen haben es ausprobiert

Eine Woche ohne Facebook, Twitter und Co.? Geht das? Und was macht es mit den Menschen, die es versuchen? Verlieren sie tatsächlich soziale Kontakte oder entdecken sie gar positive Auswirkungen? Das dänische Happiness Research Institute hat sich 2015 innerhalb einer Studie mit diesen Fragen beschäftigt. Über tausend Freiwillige im Alter zwischen 16 und 76, die alle regelmäßig täglich Facebook nutzen, wurden von den Wissenschaftlern in zwei Gruppen unterteilt. Eine Gruppe hatte Zugang zu Facebook wie gewohnt, für die andere Gruppe wurde das soziale Netzwerk eine Woche lang gesperrt. Das erstaunliche Ergebnis: Nach sieben Tagen fühlten sich die Teilnehmer der Offline-Gruppe deutlich zufriedener und ausgeglichener, weniger gestresst und glücklicher mit ihren sozialen Kontakten als die Teilnehmer der Vergleichsgruppe. Wen wundert es? Die Wissenschaftler wohl nicht, denn sie stellen in unterschiedlichen Studien wiederholt fest, dass uns der Vergleich mit anderen Menschen tendenziell eher unzufriedener macht. Und elektronische soziale Netzwerke fördern genau das: Sie bombardieren uns mit den großartigen Neuigkeiten der anderen, während wir selbst vielleicht gerade im wahrsten Sinne des Wortes im Regen stehen. Der nächste Schritt der Forscher soll die Frage sein, wie lange der positive Effekt des Verzichts auf elektronische soziale Netzwerke anhält und ob er sich mit der Zeit abnutzt. Allerdings wird es wohl schwierig werden, Freiwillige zu finden, die bis zu ein Jahr lang auf Facebook und Co. verzichten können.

DEUTSCHLAND

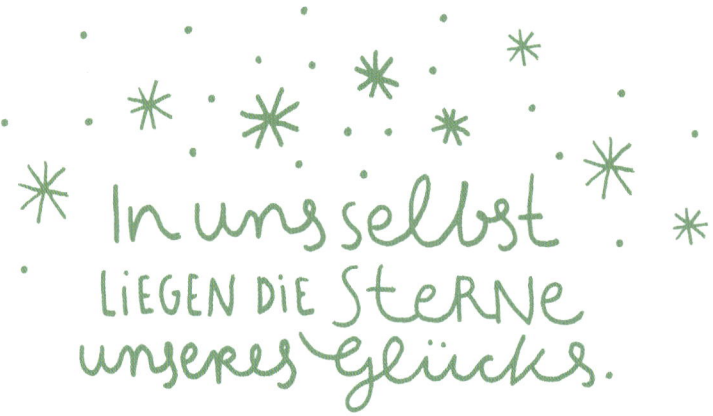

In uns selbst LIEGEN DIE STERNE unseres Glücks.

Heinrich Heine (1797–1856),
deutscher Dichter

Eine Karte vom Glück –
Der deutsche Glücksatlas

Alle Jahre wieder sammeln deutsche Wissenschaftler vom Institut
für Demoskopie in Allensbach (IfD) statistische Zahlen – unter
anderem über das Glück in Deutschland. Sie stellen neue Ergebnisse den Zahlen der Vorjahre gegenüber und malen ein Bild der
Zufriedenheit im Vergleich der Bundesländer sowie im europäischen Vergleich. Nicht ganz so glücksbegabt wie die Dänen, lan-
deten die Deutschen im europäischen Vergleich zuletzt auf Platz
neun, verbesserten sich in den vergangenen Jahren jedoch stetig.
Das Ranking der Regionen innerhalb Deutschlands wird ange-
führt von Schleswig-Holstein, Franken und Niedersachsen/Nord-
see. Damit scheint der Norden die glücklichste Region Deutschlands zu sein, dicht gefolgt vom Süden.

Vielfalt ist die Würze des Lebens.

Ernst von Wildenbruch (1845–1909), deutscher Dramatiker und Diplomat

KULTURELLE VIELFALT – DAS GLÜCK DER ANDEREN

Laut Glücksatlas 2016 sehen drei Viertel der Deutschen ihr Heimatland als ein weltoffenes und tolerantes Land. Sie finden es wichtig, ein angenehmes soziales Umfeld zu schaffen, damit sich Menschen mit ausländischen Wurzeln wohlfühlen und schnell integrieren können. Befragte, die selbst einen Migrationshintergrund haben, bestätigen diese Meinung.

„Zum Glück Deutschland" – Unser Land aus einer anderen Perspektive

Deutschland ist bei den Deutschen leider nicht sehr beliebt. Zu präsent bleiben die Gräuel des Zweiten Weltkriegs immer noch in den Köpfen. Überraschenderweise ist die Eigenwahrnehmung hier deutlich düsterer als die Fremdwahrnehmung: Umfragen der BBC ergaben bereits zweimal, dass Deutschland im Ausland als beliebtestes Land der Welt gilt. Überraschend dürfen die Deutschen erkennen, dass deutsche Lieder, Patriotismus und der Rhein nicht mehr als spießig wahrgenommen werden, sondern im Ausland „in" sind. Als weltweit zweitbeliebtestes Einwanderungsland – laut Ergebnissen der OECD und nach den USA – wird Deutschland eine neue Heimat für Spanier, Dänen, Griechen, Iraner, Syrer und sogar Amerikaner. Aber woran liegt das? Werte wie Demokratie, eine gute Wirtschaft und ein solides politisches System haben andere Länder auch. Einen Erklärungsversuch aus der Sicht von Immigranten macht die Dokumentation „Zum Glück Deutschland". Sie erzählt Geschichten über unser Land, die uns überraschen, aus einem Blickwinkel, der uns die Augen öffnet über die schönen Seiten von Deutschland.

Das Glück im Klee –
Oder: Warum nicht das Rind?

Das Unglück auf Abstand halten sollen sie und sind in ihrer Vielfalt ebenso einfallsreich wie traditionell überliefert: deutsche Glücksbringer. Vom Kleeblatt über den Glückskäfer bis zum Fliegenpilz, von der Unterhose über das Schwein bis zum Schornsteinfeger – viele der in Deutschland üblichen Glückssymbole haben eine jahrhundertelange Geschichte und stammen ursprünglich aus dem religiösen Bereich. Ein berühmtes Beispiel ist das vierblättrige Kleeblatt, das Eva bei der Vertreibung aus dem Paradies als Erinnerung mitgenommen haben soll. Wer den seltenen Glücksklee in freier Natur findet – die für Silvester im Topf gezüchtete Variante gilt bei Hardlinern nicht –, kann auf besonders viel Glück hoffen. Ebenso christlichen Ursprung hat die Bedeutung des Glückskäfers. Das kleine Insekt wird der heiligen Jungfrau Maria zugeschrieben, was schon sein zweiter Name Marienkäfer zeigt. Sie soll ihn als Geschenk auf die Erde geschickt haben, um die Ernte der Bauern vor Schädlingen zu schützen. Weil eine reiche Ernte damals wie heute lebenswichtig ist, gilt der kleine rote Käfer bis heute als Glücksbringer. Das Schwein als Glückssymbol hat mit dem Glauben wenig zu tun. Hier geht es schlicht um Reichtum: Wer viele Schweine hatte, war früher ein gemachter Mann und wurde als glücklich gesehen. Warum es bei Rind, Schaf oder Huhn nicht zum Glücksbringer gereicht hat, weiß niemand. Praktisches Denken erklärt auch den Ruf des Schornsteinfegers als Glücksbote. Im 16. Jahrhundert ist es lebenswichtig, dass der Schornstein regelmäßig gesäubert wird. So hält sich die Brandgefahr in Grenzen und es kann bedenkenlos geheizt und gekocht werden. Deshalb ist die rußgeschwärzte Uniform samt ihrem Träger bis heute gern gesehen. Moderne deutsche Talismane sind oft deutlich kurioser als ihre althergebrachten Vorgänger. Wer wichtige Dokumente mit dem Glücksstift unterschreibt, ist noch relativ unauffällig. Diejenigen, die auf verschiedenfarbige Socken oder gar Glück bringende Unterhosen schwören, driften wohl eher ab ins Reich der reinen Fantasie. Dennoch gilt, egal welcher Glücksbringer es sein soll: Wenn es niemandem wehtut, darf jeder glauben, was er will. Schließlich ist heutzutage wissenschaftlich erwiesen, dass der Glaube zumindest im eigenen Kopf Berge versetzen kann.

ALLES NUR ABERGLAUBE? – DIE PSYCHOLOGISCHE WIRKUNG VON GLÜCKSBRINGERN

Wer an Schutzengel und Glücksbringer glaubt, hat recht. Die Psychologie kann heute bestätigen, dass Kleeblatt, Glücksschwein und Talismane unseren Glauben an die eigene Leistung stärken und helfen, das Positive einer Situation zu erkennen. Laut einer Studie der Universität Köln funktionieren diese nach dem Prinzip der selbsterfüllenden Prophezeiung. Der Glaube an den Glücksbringer hilft, sich sicherer zu fühlen. Bei Prüfungen bedeutet das unter Umständen einen entscheidenden Vorteil, da man auf diese Weise weniger nervös und leistungsfähiger ist. Wer also von anderen belächelt wird, wenn er in stressigen Situationen zu einem Talisman greift, darf ab sofort gelassen in sich hineingrinsen und seinem Glauben an das Glück treu bleiben.

Das Glück fliegt:
Wer's fängt, der hat's.

Unbekannt

Glück

Solang du nach dem Glücke jagst,
bist du nicht reif zum Glücklichsein,
und wäre alles Liebste dein.

Solang du um Verlornes klagst
und Ziele hast und rastlos bist,
weißt du noch nicht, was Friede ist.

Erst wenn du jedem Wunsch entsagst,
nicht Ziel mehr noch Begehren kennst,
das Glück nicht mehr mit Namen nennst,

dann reicht dir des Geschehens Flut
nicht mehr ans Herz, und deine Seele ruht.

Hermann Hesse (1877–1962),
deutschsprachiger Schriftsteller, Dichter und Maler

Japan

Das GLÜCK kommt
ZU DENEN, DIE
lachen.

Weisheit aus Japan

幸

Glück
-sachi-

Der japanische Traum vom Glück –
Die sieben Glücksgötter

Sieben göttliche Wesen werden neben dem erhabenen Buddha und der Sonnengöttin Amaterasu von den Japanern verehrt. Während die Hauptgötter aus angemessener Entfernung angebetet werden, sind die sieben Glücksgötter den Menschen sehr nahe. Als Sinnbilder für diesseitiges Wohlergehen beeinflussen und teilen sie die täglichen Leiden und Freuden des Lebens. Zwar scheint sich ihre Bedeutung auf den ersten Blick hauptsächlich mit dem Gewinn materieller Werte zu begründen, sieht man jedoch genauer hin, stehen sie auch für Tugenden wie Fleiß, Arbeitseifer und Selbstgenügsamkeit. Zahllose Legenden ranken sich um die Glücksgötter. Die bekannteste erzählt, dass sie sich zum Jahresanfang in Seeleute und Kaufleute verwandeln und mit ihrem Schatzschiff auf die Erde reisen. Das kleine Schiff mit den prall gefüllten Segeln erscheint deshalb auf vielen japanischen Neujahrskarten. An Bord hat es verschiedene Zauberschätze wie einen unerschöpflichen Geldbeutel, einen unsichtbar machenden Hut, einen Glück bringenden Regenmantel, flammende Kristallkugeln und eine Geister jagende Ratte. Außerdem bringen die Glücksgötter ihre begehrten sieben Tugenden mit: langes Leben, Wohlstand, Beliebtheit, Aufrichtigkeit, Liebenswürdigkeit, Autorität und Großmut.

Wenn Asiaten lächeln, soll ihr Gegenüber glücklich sein

Menschen in westlichen Ländern lächeln, wenn sie einen Grund dafür haben. Auch hier gilt das Lächeln als die kürzeste Verbindung zwischen zwei Menschen. In asiatischen Ländern wird das Lächeln zur Institution. Von Kindesbeinen an werden die Menschen dazu angehalten zu lächeln, um ihren Mitmenschen zu gefallen. Das Lächeln soll nonverbal verschiedene Dinge erreichen. Da gilt es etwa, ein möglicherweise feindseliges Gegenüber von vornherein zu beschwichtigen, sich zu bedanken, um Entschuldigung zu bitten oder die eigene Unsicherheit zu verbergen. So entsteht eine Gesellschaft, die sich gegenseitig oft anlächelt und scheinbar in jeder Situation freundlich, gelassen und souverän bleibt, um das eigene Glück und das fremder Menschen zu sichern. Ein lautes Lachen selbst in einer peinlichen oder gefährlichen Situation ist für die Menschen in Japan wie in China oder Nepal völlig normal und dient der Deeskalation. Asiaten lachen eben nicht nur, wenn sie sich freuen, sondern auch wenn sie sich schämen, wenn sie ängstlich sind oder wenn sie traurig sind. Für westliche Menschen ist die wirkliche Gemütsverfassung hinter der lächelnden Fassade meist schwer einzuschätzen. Wir fragen uns dann, ob wir angelächelt oder ausgelacht werden. Dabei wollen die Menschen in Asien mit ihrer lächelnden Maske das Gegenüber schützen vor den Emotionen, die sie bewegen. Es ist verpönt und gilt als sehr schlechtes Benehmen, andere mit den eigenen Gefühlen zu belästigen. Legt man die Maske ab und zeigt die echten Gefühle dahinter, verliert man das Gesicht und macht sich zum Gespött. Im Gegensatz zum westlichen Lächeln und Lachen, die durchaus ein Auslachen sein können, ist das asiatische Lächeln dazu nicht fähig – es will immer zum Glück der anderen beitragen und böse Geister besänftigen.

Keine Maus
wird dir glauben,
dass eine schwarze
Katze Glück
bringt.

Unbekannt

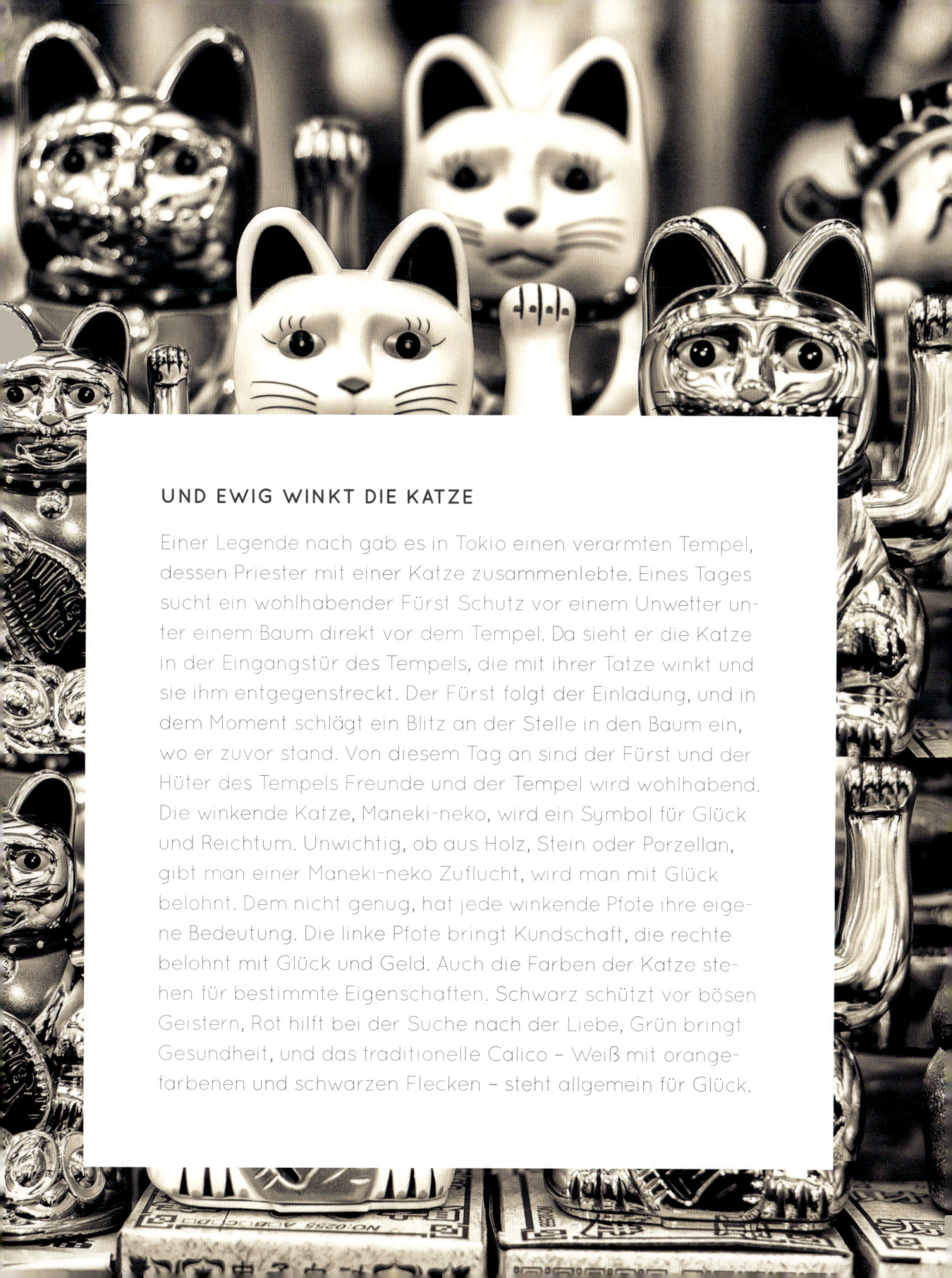

UND EWIG WINKT DIE KATZE

Einer Legende nach gab es in Tokio einen verarmten Tempel, dessen Priester mit einer Katze zusammenlebte. Eines Tages sucht ein wohlhabender Fürst Schutz vor einem Unwetter unter einem Baum direkt vor dem Tempel. Da sieht er die Katze in der Eingangstür des Tempels, die mit ihrer Tatze winkt und sie ihm entgegenstreckt. Der Fürst folgt der Einladung, und in dem Moment schlägt ein Blitz an der Stelle in den Baum ein, wo er zuvor stand. Von diesem Tag an sind der Fürst und der Hüter des Tempels Freunde und der Tempel wird wohlhabend. Die winkende Katze, Maneki-neko, wird ein Symbol für Glück und Reichtum. Unwichtig, ob aus Holz, Stein oder Porzellan, gibt man einer Maneki-neko Zuflucht, wird man mit Glück belohnt. Dem nicht genug, hat jede winkende Pfote ihre eigene Bedeutung. Die linke Pfote bringt Kundschaft, die rechte belohnt mit Glück und Geld. Auch die Farben der Katze stehen für bestimmte Eigenschaften. Schwarz schützt vor bösen Geistern, Rot hilft bei der Suche nach der Liebe, Grün bringt Gesundheit, und das traditionelle Calico – Weiß mit orangefarbenen und schwarzen Flecken – steht allgemein für Glück.

Hagoita

Hagoita – Glück kann auch kunstvoll sein

Die traditionellen japanischen Holzschläger sind nicht nur feinste Handwerkskunst, sie sollen dem Käufer auch Glück bringen. Wer denkt, diese wie Paddel geformten Gegenstände seien zum Rudern gedacht, ist auf dem Holzweg. Viel zu klein und zu schön verziert sind die Kunstwerke, um sie in Wasser zu tauchen. Und doch werden die weniger reich verzierten Hagoita für einen praktischen Zweck genutzt. Sie dienen als Schläger für das japanische Federballspiel Hanetsuki. Früher bekam jedes Mädchen einen solchen Schläger geschenkt, wenn es alt genug war, um mitzuspielen. Heute halten Frauen und Männer gleichermaßen die kunstvollen Glücksbringer in Ehren – meist ein Leben lang. Von Prinzen über Shogune und Geishas bis zu Kabuki-Figuren reichen die fantasievollen Gestalten, die reliefartig und bunt auf den Hagoita aufgemalt sind. Prachtvolle, besonders filigrane Exemplare werden für teures Geld zu Neujahr gekauft und bekommen den Federball nicht zu spüren. Dreihundert Arbeitsschritte braucht es, bis ein solcher Schläger vollendet ist, das erklärt den hohen Preis. Nur die ganz kleinen, einfachen Hagoita sind für Touristen da: das kleine Glück zum Mitnehmen.

羽子板飾り

Wer lächelt statt zu toben, ist immer der Stärkere.

Laotse (6. Jahrhundert v. Chr.),
chinesischer Philosoph und Begründer des Taoismus

ENGIMONO, TAOISMUS UND KARMA – VOM GLÜCK IN JAPAN

Im japanischen Glauben an das Glück spielen sie eine große Rolle: *Engimono*, die japanischen Glücksbringer. Besonders zu Neujahr haben *engimono* eine lange Tradition und werden in Form von Glückspfeilen, Fröschen und anderen Symbolen gekauft oder verschenkt. Das japanische Konzept vom Glück ist jedoch viel weitreichender als das europäische. Es gründet auf der buddhistischen Vorstellung vom Karma und dem taoistischen Glauben an den Ablauf der Zeit in Zyklen. Taoistische astrologische Kalender werden in Japan gerne genutzt, um günstige Vorzeichen zu suchen, besonders wenn wichtige Vorhaben oder Ereignisse wie Hochzeiten, Geburten oder ein Umzug anstehen. Mithilfe des Kalenders kann der günstigste Zeitpunkt ermittelt werden. Die Glücksgegenstände, *engimono*, stehen eher für das buddhistische Konzept von Ursache und Wirkung. Genau das bedeutet der Wortteil *engi*, gleichzeitig einer der vielen japanischen Begriffe für Glück. Einfach erklärt bedeutet das, dass jeder Mensch durch seine Handlungen Einfluss hat auf alles, was in der Welt passiert. Mit göttlicher Hilfe kann so Gutes bewirkt und das eigene Schicksal positiv beeinflusst werden. *Engimono* als Glück bringende Gegenstände sollen dabei zusätzlich helfen.

INDIEN · TIBET

„SPIRITUALITÄT BEDEUTET, DASS WIR GLÜCK FÜR UNS & andere SCHAFFEN.

14. Dalai Lama (*1935),
geistiges und politisches Oberhaupt der Tibeter

Der Buddhismus –
Glücklich sein ist der Weg

Im Buddhismus ist die Meditation ein wichtiger Weg, um sich gänzlich vom beschwerlichen Alltagstrott, von irdischem Leid und der Fixierung auf die eigene Gedankenwelt zu lösen und vollkommenes Glück zu erleben – das Nirwana. Ein kleines Stück dieses Weges wird die Meditation auch demjenigen bringen, der sich nicht dem Buddhismus als Religion verschreiben will, aber dennoch seine innere Ruhe sucht. Eine Meditation macht uns ausgeglichener, gelassener, heiterer – einfach glücklicher. Sie verleiht uns eine andere Sicht auf das Leben und lässt Alltagsdinge, die unser Glücksgefühl einschränken können, unwichtiger erscheinen. Durch die Arbeit an uns selbst fördern wir die innere Entspannung und damit die Fähigkeit, schöne Momente stärker wahrzunehmen und zu genießen. Wer regelmäßig meditiert, baut Stress ab, Muskeln entspannen sich, Herzschlag und Atmung werden ruhig und gleichmäßig. Verschiedene Studien an tibetischen Mönchen, aber auch an Laien weisen nach, dass sich das menschliche Gehirn in dieser aktiv herbeigeführten Ruhephase erholt und Glückshormone gebildet werden. Deshalb ist es nicht überraschend, dass eines der bekanntesten Werke über den Weg zum Glück ein Mensch verfasst hat, in dessen Leben Meditation einen großen Platz einnimmt: der 14. Dalai Lama. In seinen „Regeln des Glücks" gibt es zwar keine konkreten Übungen, die ewiges Glück garantieren, aber dafür eine Sammlung von Ideen und Vorschlägen, die helfen sollen, ein glücklicheres Leben zu führen.

BRASILIEN

Träume
SIND AUS
Wünschen
GEWEBT.

WEISHEIT
AUS BRASILIEN

Oi, tudo bem

Diesen beliebtesten Satz hört man in Brasilien bei jeder Gelegenheit, bei jedem Treffen, bei jeder Begrüßung. Je nach Situation und Stimmung bedeutet er: Alles klar?, Wie geht's?, Hat funktioniert! oder Finde ich gut! Der Satz spiegelt das Lebensgefühl Brasiliens, die Freude, Lebenslust, Lust am Feiern, an der Bewegung und am Tanz, an der Musik und am Rhythmus. Selbst in den Favelas, den Barackenvierteln der Armen, schaffen es die Menschen, trotz Drogen, Kriminalität und Arbeitslosigkeit das Positive am Leben zu suchen und zu feiern. Alegria – das Leben mit allen Sinnen und nach Kräften genießen, das können wir von den Brasilianern lernen.

AUS KLEINEN DINGEN FREUDE zu gewinnen, ist eine Kunst, DIE NUR wenige BEHERRSCHEN.

WEISHEIT AUS BRASILIEN

Tanzen
Mit Klang und Bewegung zum Glücksgefühl

Karneval in Rio: Von der Musik aufgeputscht und verzaubert, vom Takt und Rhythmus der Sambamelodien zur Bewegung, zum Tanz getrieben. Von den aufwendigen Kostümen verzaubert und in eine Parallelwelt entführt. Sich ausgelassen von den Schwingen der Musik tragen lassen, wilde Freude und das frenetische Gemeinschaftsgefühl erleben. Der Karneval in Rio ist der Inbegriff für die positive Lebenseinstellung der Brasilianer. Er zieht Menschen aus aller Welt an, die Musik lieben, denen es Spaß macht, sich dazu zu bewegen und zu tanzen. Sie erleben beim Karneval ganz besondere Glücksmomente. Das haben die Menschen, die in Rio feiern, mit Tänzern und Musikliebhabern auf aller Welt gemeinsam. Denn Wissenschaftler haben bewiesen, dass Musik bis in die Tiefen unseres Gehirns vordringt und dort die Ausschüttung eines ganzen Cocktails an Glückshormonen auslöst. Und der Tanz verbindet die Wahrnehmung über das Gehör mit einem positiven Körpergefühl – was braucht es mehr, um glücklich zu sein?

FITINHAS – Das Glück in bunten Bändern

Ein Wahrzeichen der Stadt Salvador da Bahía und ein traditionelles, Glück bringendes Geschenk sind in Brasilien die Fitinhas. Die portugiesische Aufschrift der bunten Stoffbänder, die es bereits seit 1792 geben soll, lautet *Lembrança do Senhor do Bonfim da Bahia*, was übersetzt so viel heißt wie „Erinnerung an unseren Herrn vom guten Ende aus Bahia." Mit diesem Spruch und den Bändern wird bis heute den Orixás gehuldigt. Orixás sind die Götter und Geistwesen der Religion der westafrikanischen Yoruba. Die brasilianische Form dieser Religion ist das Candomblé. Diese den Menschen sehr nahestehenden Gottheiten gelten als Boten und Vermittler zwischen Himmel und Erde. Die bunten Farben der Bänder stehen jeweils für einen bestimmten Orixá und seine Eigenschaften. Grün beispielsweise steht für den Gott des Waldes sowie für Entwicklung, Geld und Wachstum. Gelb symbolisiert den Gott des Donners, Erfolg und Intelligenz. Pink steht für Stärke und Gemeinschaft, Weiß für Weisheit und inneren Frieden, Orange für Mut und Energie,

Lila für Spiritualität, Dunkelblau für Gesundheit, Wohlbefinden und Fruchtbarkeit, Rot für Stärke und Leidenschaft, Hellblau für Liebe und Frieden. Die Fitinhas bringen mit ihren Farben die entsprechenden Eigenschaften ins Leben des Trägers. Außerdem sollen sie drei Wünsche erfüllen. Damit die Fitinhas wirken, müssen allerdings beim Anbringen einige Dinge beachtet werden. Die Bänder dürfen nicht vom Träger selbst befestigt und sollten am linken Handgelenk getragen werden. Beim Anbringen muss man für jeden Wunsch einen Knoten machen. Die Wünsche dürfen auf keinen Fall laut ausgesprochen werden. Außerdem darf die Fitinha nicht eigenhändig vom Arm entfernt werden, denn die Wünsche gehen erst in Erfüllung, wenn das Band sich von selbst vom Handgelenk löst.

Glück auf Reisen
BRASILIEN IN DER LITERATUR

Dann kam die Landung in Rio, einer der mächtigsten Eindrücke, den ich zeitlebens empfangen. Ich war fasziniert und gleichzeitig erschüttert. Denn hier trat mir nicht nur eine der herrlichsten Landschaften der Erde entgegen, diese einzigartige Kombination von Meer und Gebirge, Stadt und tropischer Natur, sondern auch eine ganz neue Art der Zivilisation. (...) Da war Farbe und Bewegung, das erregte Auge wurde nicht müde zu schauen, und wohin es blickte, war es beglückt. Ein Rausch von Schönheit und Glück überkam mich, der die Sinne erregte, die Nerven spannte, das Herz erweiterte, den Geist beschäftigte, und soviel ich sah, es war nie genug.

Stefan Zweig (1881–1942),
österreichischer Schriftsteller,
„Brasilien. Ein Land der Zukunft"

IRLAND

MÖGE DEINE Türe offen SEIN,
DAMIT DAS Glück HEREINKOMMEN KANN.

Irischer Segenswunsch

Das sprichwörtliche Glück der Iren

Irland ist ein wildes, ursprüngliches Land. Die sanft gewellten grünen Wiesen und fischreichen Gewässer können nicht über wilde Klippen, pfeifenden Wind und peitschenden Regen hinwegtäuschen. Seine Menschen sind es von jeher gewohnt zu überleben. Von der Natur und vom Schicksal gebeutelt, werden sie bis heute jeden Tag körperlich und geistig herausgefordert. In der Vergangenheit von den britischen Besatzern verachtet, von Hungersnöten geplagt, heute mit wenigen Einnahmequellen außer dem saisonabhängigen Fremdenverkehr – auch wenn das Leben noch so hart scheint, die Nachkommen der Kelten haben ihren Stolz immer bewahrt und ihre Freiheit verteidigt. Ihre keltischen Wurzeln, die sie trotz Christianisierung nicht vergessen haben, helfen ihnen, Schicksalsschläge mit einem Achselzucken abzutun. Die Dinge nehmen, wie sie kommen, und nicht an die Zukunft denken, das ist die typische irische Mentalität. Deshalb feiert man in Irland lieber jeden Tag ein kleines Fest, als sich über den Alltag zu ärgern. Ein wenig Unsicherheit verursacht nur der Gedanke, der Himmel könne einem auf den Kopf fallen. Die wird aber mit einem Schluck irischem Whiskey, viel Musik, guter Gesellschaft und lautem Gelächter schnell vergessen. Ist das nicht das wahre Talent zum Glück?

Claddagh und Honeymoon

Im englischen Sprachraum ist der Begriff „the luck of the Irish", also das Glück der Iren, nicht immer positiv gemeint. Die Iren selbst hören nicht auf Spötter, sondern sichern sich ihr Glück mit zahlreichen Traditionen und Bräuchen bei jeder wichtigen Gelegenheit. Ein Glückssymbol, das bei irischen Hochzeiten nicht fehlen darf, ist der Claddagh-Ring. Der traditionell eingravierte Wahlspruch heißt: „Lasst Liebe und Freundschaft regieren." Er soll nicht nur Glück und Liebe anziehen, sondern auch Unglück vom Brautpaar fernhalten. Der Ring ist aus drei Elementen zusammengesetzt: einem Herz für die Liebe, einem Händepaar für die Freundschaft und einer Krone für die Treue. Claddagh-Ringe werden oft über Generationen in der Familie weitergegeben und immer wieder als Verlobungs- und Ehering verwendet.

Für das Glück nach der Hochzeit sorgt eine in Irland begründete Tradition, die ihren Weg in die Hochzeitsbräuche auf aller Welt gefunden hat: der Honeymoon. Die Frischvermählten tranken früher einen Monat lang nur Honigwein. Dadurch sollte die Fruchtbarkeit gefördert werden, um möglichst schnell Nachwuchs zu bekommen. Heute dürfen sich Brautpaare in Irland wie auf der ganzen Welt während des Honeymoon aussuchen, womit sie sich das frischgebackene Eheleben versüßen. Kindersegen hin oder her – Hauptsache glücklich.

10 Dinge des Lebens

Nimm dir Zeit zum Arbeiten,
das ist der Preis für den Erfolg.

Nimm dir Zeit zum Nachdenken,
das ist die Quelle der Kraft.

Nimm dir Zeit zum Spielen,
das ist das Geheimnis der Jugend.

Nimm dir Zeit zum Lesen,
das ist das Fundament des Wissens.

Nimm dir Zeit für die Andacht,
das wäscht den irdenen Staub von den Augen.

Nimm dir Zeit für die Freude,
das ist die Quelle des Glücks.

Nimm dir Zeit zum Lieben,
das ist das einzige Sakrament des Lebens.

Nimm dir Zeit zum Träumen,
das zieht die Seele zu den Sternen hinauf.

Nimm dir Zeit zum Lachen,
das ist die Erleichterung, welche die Bürde des Lebens tragen hilft.

Nimm dir Zeit zum Planen,
dann hast du auch Zeit für die ersten neun Dinge.

Aus Irland

EIN NATIONALSYMBOL: **DAS KLEEBLATT**

Der „kleine Klee" (englisch: Shamrock, irisch: seamróg) ist nicht nur eines der Attribute des irischen Nationalheiligen St. Patrick, sondern für sich alleine ein Glückssymbol und inoffizielles Nationalsymbol der Iren. Anhand des dreiblättrigen Kleeblattes soll der Missionar St. Patrick dem keltischen Hochkönig Laoghaire erklärt haben, was die Dreifaltigkeit bedeutet. Auch in diesem Fall hat sich das Christentum ein Symbol angeeignet, das von den zu bekehrenden Menschen zuvor als Symbol für das Wirken höherer Mächte anerkannt war. So glaubten die Kelten an die Heilkraft und magische Wirkung des Kleeblattes bereits vor der Christianisierung Irlands. Auf die Augen gelegte Blätter zum Beispiel sollten den Blick auf das geheimnisvolle Volk der Feen ermöglichen. Nach der Verbreitung des christlichen Glaubens über die Insel wurde das dreiblättrige Kleeblatt als Symbol für das christliche Kreuz gedeutet.

Grüne Insel, grünes Feenwesen – Irlands launischer Glücksbringer

Ein Naturgeist, ein kleiner Kobold mit roten Haaren und grünem Hut, ist in Irland neben der Harfe und dem Kleeblatt eines der Nationalsymbole: der Leprechaun. Sein Name (irisch: *leipreachán*) bedeutet übersetzt etwa „kleiner Körper", er gehört also zum sogenannten kleinen Volk. Der Leprechaun weiß den Weg zum Goldschatz am Ende des Regenbogens, verrät ihn einem Menschen aber nur unter bestimmten Umständen. Nur wer den kleinen trickreichen und wendigen Zwerg fest an den Schultern packt und nicht mehr entwischen lässt, erfährt den Weg zum verborgenen Schatz. Besonderes Glück bringt der launische Leprechaun demjenigen, der ihm geholfen hat.

Selbst ein bisschen Whiskey an einem kalten, nebligen Tag kann ihn dazu verleiten, seine magische Goldmünze freiwillig zu verschenken. Und die kehrt immer wieder in die Hand des Besitzers zurück, wenn sie ausgegeben wird. Als bodenständiges, geerdetes irisches Fabelwesen hat der Leprechaun nicht nur einen mystischen Schatz, sondern auch einen handwerklichen Beruf: Er ist Schuster und versorgt Elfen und andere Fabelwesen mit dem passenden Schuhwerk.

Möge jeder Tag
dir strahlende
glückliche Stunden
bringen, die das ganze Jahr
bei dir bleiben.

Irischer Segenswunsch

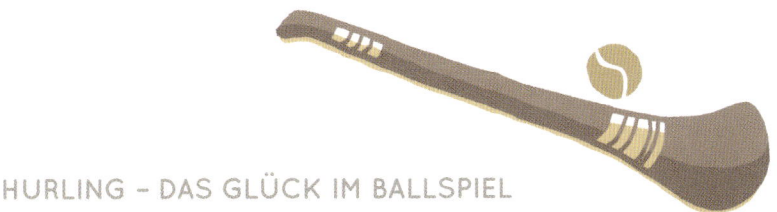

HURLING – DAS GLÜCK IM BALLSPIEL

Allein schon das Krachen von Eschenholz auf Eschenholz lässt die Herzen der Zuschauer beim Hurling, einer der National-sportarten der Iren, höher schlagen. Hurling gilt als eine der ältesten und anspruchsvollsten Teamsportarten der Welt. Für die Iren ist es mehr als das: Eine beinahe religiöse Faszina-tion geht von dem Spiel aus, und es ist eines der Dinge, die in Irland die Gesellschaft zusammenhalten. Wenn der kleine Lederball, der Sliotar, mit dem Hurley, dem Eschenholzschlä-ger, über das Feld getrieben wird, beben die Zuschauer und fiebern ihm hinterher. Körperkontakt ist bei dem martiali-schen Spiel erlaubt und sogar erwünscht, neben dem Schlag mit dem Hurley darf der Ball auch mit Hand gefangen und geschlagen – nicht geworfen – werden. Oft geht es hart zur Sache und nicht nur die Eschenholzschläger krachen auf-einander, aber selbst bei Verletzungen gibt es kein Aufgeben. Mit viel Hingabe wenden die Spieler über 170 verschiedene „skills" an, die Spieltechniken des Hurling, um die gegnerische Mannschaft zu besiegen und den Sliotar ins Tor zu spielen. Die Gemeinschaft und der Mannschaftsgeist werden mit dem Spiel hochgehalten, und Spieler wie Zuschauer sind zumindest so lange glücklich, wie sie ihre Zeit auf oder am Rande des Spielfeldes verbringen.

ISLAND

SUCHE DAS Glück NICHT MIT DEM FERNROHR.

Weisheit aus Island

ANPACKEN UND EINE GESUNDE PORTION GELASSENHEIT
Glück auf Isländisch

Auf Island zu leben, ist nicht leicht. Die Natur auf der Vulkaninsel nahe dem nördlichen Polarkreis stellt die Inselbewohner immer wieder auf die Probe. Vulkanausbrüche, Erdbeben, Sandstürme, Gletscherläufe, das sehr wechselhafte, oft kühle und feuchte Wetter und nicht zuletzt der lange, dunkle Winter sind Herausforderungen, denen die Isländer mit nordischem Gleichmut begegnen. Mehr als eine Krise, ob von der eigenen Wirtschaft und Politik oder von der eigenwilligen Natur verursacht, haben die Isländer in den vergangenen Jahren überwunden mit ihrer fröhlichen, heimatverbundenen, hilfsbereiten Art. Nicht jammern, sondern anpacken und weitermachen ist die Devise. Egal, ob sie mit der Kochtopfrevolution die Regierung zum Rücktritt zwingen müssen, ihr Land mit eigenen Kräften aus der Bankenkrise holen oder ihre Häuser und Felder aus Aschebergen wieder ausgraben. Das Rezept für das Glücklichsein ist hier relativ einfach: Die Isländer machen das Glück nicht von den Umständen oder von materiellem Reichtum abhängig, sondern suchen es in Kleinigkeiten, in der Gemeinschaft und nehmen gelassen hin, was sie nicht ändern können. Und noch eine wichtige Eigenschaft, um glücklich zu sein: Isländer nehmen sich selbst nicht so ernst. Kein Wunder also, dass die Insel beim Glücksreport im europäischen Vergleich ganz vorne liegt.

Die Rune Wynn
ZEICHEN FÜR FREUDE & GLÜCK

Auf Island haben sich nordische Bräuche, die nordischen Wurzeln der Sprache und die nordische Runenschrift über die Jahrhunderte erhalten. Nicht nur das: Island hat viele Runen, die sich durch ihre komplexe Form von den Runen auf dem europäischen Festland unterscheiden. Während auf dem Kontinent die Runen mit der Zeit abstrakter und damit einfacher wurden, erhielt sich die komplizierte Form der isländischen Runen bis heute nahezu unverändert. Allerdings sind die Anwendungen oft skurril und kompliziert bis martialisch. Die in ihrer Form und Deutung einfacheren nordischen Runen werden in unterschiedliche Alphabete eingeteilt. Ursprünglich bedeutet das Wort Rune (isländisch: *rún*) „Geheimnis" oder „geheimes Zeichen". Runen sind folglich nicht nur Schriftzeichen, sondern verbunden mit und tief verwurzelt in der nordischen Mystik.

Das ursprüngliche nordische Runenalphabet Futhark besteht aus 24 Runen, die einen engen Bezug zur germanischen Vorstellungswelt von Göttern, Riesen, Mensch und Natur haben. Neuere Runenalphabete haben nur noch 16 Runen, die sich mehr auf Laute beziehen und mit ihrer einfacheren Form für das Schreiben geeigneter waren. In jedem von ihnen gibt es als Zeichen für Freude, Wonne, Glück, die Rune Wynn (isländisch: *vin*), je nach Landeszugehörigkeit auch Wunjo oder Vend. Die der Rune Wynn zugeordnete Zahl ist die Sieben, eine heilige Zahl, gebildet aus der Summe der Zahl Drei, Symbol für die Welt der Götter, und der Zahl Vier, symbolisch für die Elemente Erde, Wasser, Feuer und Luft. So vereint Wynn die göttliche mit der materiellen Welt und steht deshalb für Vollständigkeit, Ausgewogenheit und Glück.

SKÚFFUKAKA

Das Glück aus Schokolade

Der traditionelle Schokoladenkuchen Skúffukaka wird in Island mit eingebacke-nen Lakritzstückchen, Schokoglasur und aufgestreuten Kokosraspeln serviert. Als typische Nachspeise ist er in jedem noch so entlegenen Ort zu finden und kann vom Kaloriengehalt her sicher eine volle Mahlzeit ersetzen.
Aber was soll's – Schokolade macht glücklich!

Zutaten für den Kuchen

300 g Mehl
330 g Zucker
50 g Kakaopulver
1 TL Natron
1 TL Backpulver
1 TL Salz
1 TL Zimt
240 ml Buttermilch
120 g zerlassene Margarine
80 ml heißes Wasser
2 Eier
4-5 Stück Lakritze

Zutaten für die Glasur

200 g Puderzucker
3 EL Kakaopulver
45 g zerlassene Margarine
1 TL Vanille-Extrakt
3 EL heißer Kaffee
Kokosraspel

Zubereitung

Den Backofen auf 175 °C (Ober-/Unterhitze) vorheizen und ein Backblech mit Backpapier auslegen. Mehl, Zucker, Kakaopulver, Natron, Backpulver, Salz und Zimt gut vermischen. Buttermilch, Margarine, Wasser und Eier nacheinander hinzugeben und gut vermengen. Lakritze in kleine Stücke schneiden und unter den Teig heben. Den Teig gleichmäßig auf das Backblech verteilen und circa 25 Minuten im Ofen backen. Danach aus dem Ofen nehmen und die Glasur vorbereiten. Dafür Puderzucker und Kakaopulver gut vermengen. Zerlassene Margarine und Vanille-Extrakt hinzugeben und verrühren. Heißen Kaffee hinzu-geben und verrühren, bis eine cremige Glasur entsteht. Auf dem noch warmen Kuchen verteilen und danach mit Kokosraspeln verzieren.

Elfen können Glück bringen –
ODER AUCH NICHT

Wenn in Island auf Baustellen merkwürdige Dinge passieren, legen Straßenarbeiter schon mal einen versehentlich zugeschütteten Felsen wieder frei und putzen ihn blank. Schließlich will man es sich mit den Bewohnern solcher Felsen, den Elfen, nicht verscherzen. Sonst könnten Unfälle passieren, Menschen verletzt werden oder gar ein frisch errichtetes Gebäude wieder einstürzen. In Island gehören Elfen zum Alltag. Dass man ihre Wohnstätten und das „kleine Volk" selbst respektiert, zeigen Kurven auf ansonsten kerzengeraden Landstraßen, eingezäunte Elfenhügel und als Wetter-station getarnte Ersatzhäuschen für die Elfen, deren Behausung verlegt werden musste. In Reykjavík gibt es sogar eine Elfenbeauftragte, die von Privatleuten ebenso wie vom isländischen Bauministerium um Rat gefragt wird, wenn wichtige Baumaßnahmen anstehen. Nur so können die Menschen auf Island sicherstellen, dass die Elfen besänftigt sind und Glück bringen, statt böse Streiche zu spielen. Wer mehr über das kleine Volk lernen will, kann in Reykjavík in die Elfenschule, die Álfaskólin, gehen und nach erfolgreichem Studium sogar mit einem Elfendiplom abschließen.

Freiheit & Lebensfreude
Eine glückliche Kindheit auf Island

Ich wuchs auf wie eine wilde Blume in Gottes freier Natur, inmitten der stolzen isländischen Berge, nahe dem Meeresufer. Erzogen wurde ich nach den Grundsätzen der meisten isländischen Familien, nämlich in der größtmöglichen Freiheit. Nach althergebrachtem normannischem Gebrauch lässt man dortzulande den Kindern reichlich Freiheit – nicht damit sie ungezogen werden, sondern zu dem Zweck, dass sie sich selbst helfen lernen und sobald wie möglich zu einer gewissen Selbstständigkeit gelangen würden. Die Kinder sollen nicht wie willenlose Geschöpfe hergeschoben und auf Schritt und Tritt überwacht werden.

Jón Sveinsson (1857 – 1944),
isländischer Schriftsteller und Priester,
„Wie Nonni das Glück fand"

ALGERIEN

MAN WERFE EINEN
GLÜCKSPILZ
INS MEER UND ER
TAUCHT MIT EINEM
FISCH IM MUND
WIEDER AUF.

Weisheit aus Arabien

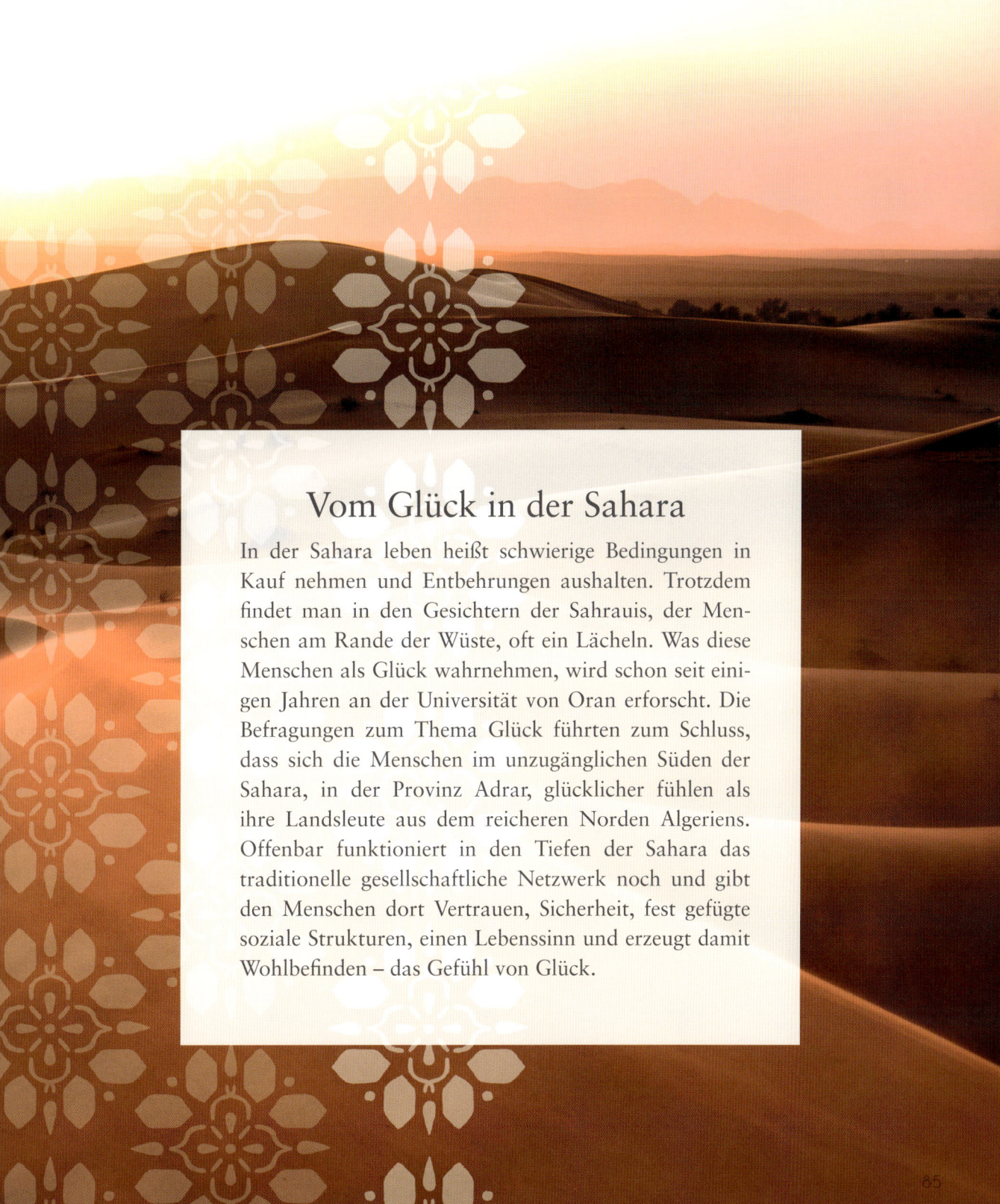

Vom Glück in der Sahara

In der Sahara leben heißt schwierige Bedingungen in Kauf nehmen und Entbehrungen aushalten. Trotzdem findet man in den Gesichtern der Sahrauis, der Menschen am Rande der Wüste, oft ein Lächeln. Was diese Menschen als Glück wahrnehmen, wird schon seit einigen Jahren an der Universität von Oran erforscht. Die Befragungen zum Thema Glück führten zum Schluss, dass sich die Menschen im unzugänglichen Süden der Sahara, in der Provinz Adrar, glücklicher fühlen als ihre Landsleute aus dem reicheren Norden Algeriens. Offenbar funktioniert in den Tiefen der Sahara das traditionelle gesellschaftliche Netzwerk noch und gibt den Menschen dort Vertrauen, Sicherheit, fest gefügte soziale Strukturen, einen Lebenssinn und erzeugt damit Wohlbefinden – das Gefühl von Glück.

Zerbrochenes Glück

Als ich das Tinileft-Tal
durchquert und verlassen,
fand ich ein Glück,
das wäre vollkommen gewesen,
hätte es nur Bestand gehabt!

Das Glück war köstlich
bis zu dem Tag,
an dem sich alles wandelte.
Da es nun einmal zerbrochen ist,
wünschte ich mir,
ich hätte es nie gekannt!

Gedicht der Tuareg

Die fünf Finger der Fatima –
Glück aus einer Hand

Im nordafrikanischen Volksglauben ist die Hand der Fatima
ein universeller Glücksbringer. Auch bekannt unter dem Namen *Hamsa* (deutsch: fünf; steht für die fünf Finger der Hand),
schützt sie vor bösen Geistern, den Dschinn, und vor dem
bösen Blick von Neidern und Feinden. Im islamischen Glauben
wird Fatima, die jüngste Tochter Mohammeds, als sündenfreie
Jungfrau und Mutter aller Nachkommen Mohammeds verehrt,
ähnlich wie im christlichen Glauben Maria, die Mutter Jesu.
Wegen ihrer Reinheit und Unschuld wird die abwehrende Hand
der Fatima – neben Amuletten mit Koransuren oder Bernstein-
ketten – als Symbol gegen das Böse verwendet. Als Glückssymbol taucht die Hand sogar im Siegel Algeriens auf. Die offene,
segnende Hand kennt man jedoch in anderen Kulturen ebenso:
Auf Höhlenmalereien aus der Steinzeit sind Handabdrücke zu
sehen, ebenfalls bekannt ist im Christentum die segnende Hand
der Maria, im Judentum die ins Gelobte Land leitende Hand
der Miriam, der älteren Schwester von Moses und Aaron. Im
arabischen Raum reicht die Tradition der schützenden Hand bis
zu den Henna-Tätowierungen der Frauenhände bei Feiern und
Hochzeiten, als Symbol für Fruchtbarkeit und Glück.

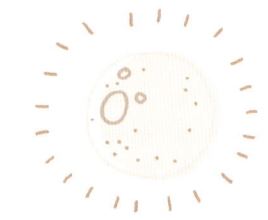

Meine Träume
sind wirklicher als
der Mond, als
die Dünen, als alles,
was um mich herum ist.

Antoine de Saint-Exupéry (1900 – 1944),
französischer Schriftsteller, „Wind, Sand und Sterne"

Sahara-Melange
Aufgebrühtes Glück mit Minze

Der bittersüße Geruch von grünem Tee mit Minze, getrocknete Feigen und ein bisschen Musik aus der Wüste Sahara – einfache Zutaten für ein Stückchen Glück.

So wird's gemacht:

Grünen Tee aufbrühen – hier darf das Wasser ruhig sprudelnd kochen, denn der Tee soll etwas bitter schmecken – und drei Minuten ziehen lassen. Mehrere Zweige frische Minze und Kandiszucker nach Geschmack in eine vorgewärmte Teekanne füllen und den abgeseihten Tee darübergießen. Auf einem Stövchen noch einmal zehn Minuten ziehen lassen. Mit etwas Schwung in Teegläser füllen, damit der Tee schäumt. Ein Blättchen Minze obenauf, je nach Geschmack getrocknete Feigen, Datteln oder gesalzene Nüsse dazu servieren, und fertig ist das Wüstenglück!

GROSSBRITANNIEN

Glückseligkeit ist ein AUFENTHALT zwischen zu wenig & zu viel.

Weisheit aus England

GLÜCK ALS SPORT
TRAINING FÜR DIE GLÜCKSMUSKELN

Der Positiven Psychologie hat sich Psychologin Miriam Akhtar aus Bristol (Großbritannien) verschrieben. Sie ist überzeugt, dass man Glücksgefühle trainieren kann wie Muskeln. Mit ihrem Co-Autor Dr. Chris Johnstone stellt sie ein 12-Punkte-Trainingsprogramm vor, das praktische Anleitungen und Tipps für ein glücklicheres Leben gibt. Die Themen wie Dankbarkeit, Konzentration auf die eigenen Stärken, Optimismus praktizieren, körperliche Bewegung in der Natur, gutes Essen, persönliche Beziehungen pflegen und mit Rückschlägen umgehen bilden ein Gesamtkonzept zur Stärkung des Glücksmuskels. Sie führen Schritt für Schritt zur bewussteren Wahrnehmung der Gefühle und einer glücklicheren Lebenseinstellung. Generell gilt: Wer sich auf das eigene Glück konzentriert, wird glücklicher.

Das Glück des Lebens setzt sich aus winzigen Kleinigkeiten zusammen – den kleinen, bald vergessenen Wohltaten eines Kusses oder Lächelns, eines freundlichen Blicks, eines von Herzen kommenden Kompliments – zahllosen, unendlich kleinen Dosen angenehmer und belebender Freuden.

Samuel Taylor Coleridge (1772 – 1834),
englischer Lyriker

Unter dem Mistelzweig
Vom Glück im Advent

In jedem englischen Haushalt ist sie ein fester Bestandteil des traditionellen Weihnachtsschmucks: die weißbeerige Mistel. Der immergrüne, kugelige Busch wächst bevorzugt auf Apfelbäumen, Pappeln, Weiden, Birken, Linden und Ahorne, seine weißen Beeren reifen Anfang Dezember. Bereits bei keltischen Feiern zur Wintersonnenwende ist die Mistel als magische Pflanze bekannt. Sie wird als Heilpflanze und zur Herstellung von Fruchtbarkeitstränken verwendet. Im Mittelalter glaubt man, Misteln über dem Hauseingang würden böse Geister, Hexen, Feuer und Blitzschlag fernhalten. Für Glück und Fruchtbarkeit soll das immergrüne Gewächs im Brautkranz sorgen. Der besonders romantische Weihnachtsbrauch vom Glück bringenden Kuss unter dem Mistelzweig soll auf Hochzeits- und Friedensrituale der altnordischen Stämme zurückgehen. Im viktorianischen England bestimmt die Tradition, dass jeder Mann eine Frau küssen darf, die unter dem Mistelzweig steht und dass es der Frau Unglück bringt, den Kuss abzuweisen. Bis heute gilt in England: „Kein Mistelzweig – kein Glück." Wer also in der Vorweihnachtszeit auf der Türschwelle unter einem dort aufgehängten Mistelzweig stehen bleibt, darf ohne einen Kuss nicht wieder weg. Als Spielregel gilt: Für jede gepflückte Beere gibt es einen Kuss. Wenn alle Beeren weg sind, ist Schluss mit dem Küssen.

LATEINAMERIKA

MÖGEST DU IMMER
Luft zum Atmen,
Feuer zum Wärmen,
Wasser zum Trinken
& Erde zum Leben HABEN.

Weisheit aus Lateinamerika

Alt, aber oho?
DAS GLÜCK DER ÄLTEREN MENSCHEN

Mit dem Glück kennt sich Reynaldo Alarcón, Professor und Doktor der Psychologie und Philosophie in Lima (Peru), aus. Acht Bücher und 173 Artikel hat er darüber veröffentlicht. Sein aktuellstes Werk ist „Psychologie des Glücks". Während seiner Studien hat Alarcón unter anderem herausgefunden, dass mit dem Alter das Glücksempfinden steigt. Obwohl Menschen zwischen 60 und 70 Jahren mit gesundheitlichen Beschwerden, dem Alleinsein nach dem Tod eines Partners, dem Verlust von Freunden und Verwandten leben müssen, zeigen Untersuchungen, dass sie sich glücklicher fühlen. Der Grund dafür ist, dass ältere Menschen besser mit ihren Gefühlen umgehen können. Sie verarbeiten Reize, die starke Gefühle auslösen, vor allem kognitiv und erleben daher weniger starke Gefühlsschwankungen. Allerdings ist es besonders wichtig für ältere Menschen, im Kreis ihrer Familie leben zu können. In Pflegeheimen leiden sie oft an depressiven Verstimmungen, Einsamkeit und Langeweile.

VON GETROCKNETEN LAMA-EMBRYONEN UND ZIEGENHÖRNERN – GLÜCKSBRINGER IN LATEINAMERIKA

Glück bringende rituelle Opfer für Mutter Erde, der Pachamama, erfreuen sich in Peru noch heute großer Beliebtheit. Auf Märkten ländlicher Gemeinden findet man getrocknete Embryonen von Lamas oder Ziegenhörner, die zu diesem Zweck verkauft werden. Daneben liegen gängigere Gegenstände wie Ketten, bunte Tonfiguren oder Magnete für den Geldbeutel, die ebenfalls Glück verheißen. Viele Menschen in Peru wie in anderen lateinamerikanischen Ländern sind überzeugt von der Wirksamkeit ihrer Talismane und tragen gleich mehrere bei sich. Einige der bunten Figuren stellen Ekeko dar, eine vermenschlichte Gottheit einer Präinkakultur um Tiahuanaco, die ihre Wurzeln in Bolivien hat. Ekeko wird bis heute in Bolivien, Peru, Chile und Argentinien verehrt. Als Glücksbringer ist er meist behängt mit vielen Geschenken wie Geldscheinen und Süßigkeiten, die symbolisch für die Bedürfnisse seines Besitzers stehen.

Als Geschenk soll es besonders viel Glück bringen, wenn man der Tonfigur Ekeko seine angezündete Zigarette in den Mund steckt. Wer es ausprobieren will, sei gewarnt vor Übertreibung: Treffen zwei Ekeko im Haushalt aufeinander, fangen sie an zu streiten und es ist vorbei mit dem Glück!

„Auf der Suche nach dem verlorenen Glück"

Jean Liedloff (1926-2011), US-amerikanische Psychotherapeutin und Autorin hat mehrere Jahre bei den Yequana-Indianern gelebt, einem von der Ausrottung bedrohten Stamm im Dschungel Venezuelas. Eindrucksvoll schildert sie in ihrem Buch über diese Zeit das harmonische, glückliche Zusammenleben der Ureinwohner. Der Stamm verwirklicht auf seine sehr ursprüngliche Art das, was moderneren Kulturen versagt scheint: ein Leben ohne Angst und Entfremdung, ohne Wettstreit und Aggression, ein Leben in Frieden mit sich und anderen. Eine der Wurzeln dieses Lebensglücks findet Liedloff im Umgang der Yequana mit ihren Kindern und dem natürlichen Wissen über deren Bedürfnisse. Die Grundsätze klingen ganz einfach: gegenseitiges Vertrauen und Respekt vor der Würde und dem Willen des anderen auch Kindern gegenüber; kein Druck, kein Zwang, keine Manipulation. Ein Leben nach dem Lustprinzip? Die Solidarität des Stammes macht es möglich. Schwierige Arbeiten wie Wasser holen oder das Bauen einer Hütte werden gemeinschaftlich erledigt. Jeder muss nur so lange arbeiten, wie er Freude daran hat, und Fröhlichkeit hat Platz im Alltag. Die Kinder werden kaum erzogen, sie treffen vom frühesten Kindesalter ihre Entscheidungen selbst und lernen durch die eigene Erfahrung – auch unangenehme und gefährliche Dinge dürfen sie selbst ausprobieren. Die Eltern vertrauen auf den angeborenen Selbstschutzinstinkt, und die Realität gibt ihnen recht. Unfälle sind bei den Yequana deutlich seltener als bei den behüteten Kindern unserer westlichen Zivilisation. Die bedingungslose Liebe der Eltern hilft den Kindern dabei, Rückschläge und Verletzungen ohne seelische Wunden zu verarbeiten. Ob die Erkenntnisse von Liedloffs Arbeit und ihre Thesen zum Glücksempfinden der Yequana auf die westliche Zivilisation anwendbar sind, ist fraglich. Stoff für interessante Leseabende liefert „Auf der Suche nach dem verlorenen Glück" in jedem Fall.

THAILAND

Überwinde dich selbst und du wirst die Welt überwinden.

Buddha

Staatlich verordnetes Glück?

Sauwalak Kittiprapas, Volkswirtin und Glücksforscherin aus Bangkok (Thailand), ist Gründerin und Direktorin der International Research Associates for Happy Societies (IRAH). Als Autorin wurde sie durch die Beschäftigung mit Fragen zum Thema Glück persönlich glücklicher. Für Kittiprapas ist die traditionelle Herangehensweise von Wissenschaftlern an das Thema Glück ohne ein allgemein akzeptiertes Denkmodell ein entscheidendes Problem. Eine Entwicklungspolitik, die das Glücksempfinden der Bevölkerung durch politische Maßnahmen steigern will, braucht einen anderen Ansatz als allein die Förderung des wirtschaftlichen Wohlstands. Deshalb versucht die Volkswirtin ein Denkmodell zu entwickeln, das Erkenntnisse von westlichen und östlichen Glücksstudien zusammenbringt. Ihr Ergebnis, der für alle Kulturen und Länder gültige Konsens ist: Das persönliche Glück eines Menschen ist immer eine Form der Selbsterkenntnis und lässt sich deshalb mit relativ geringem staatlichem Kostenaufwand fördern. Außerdem sollte der Schwerpunkt einer staatlichen Glückspolitik darauf liegen, langfristig Armut und Einkommensunterschiede zu reduzieren und das Wirtschaftswachstum zu fördern.

USA

DiE STUNDE füllen –
DAS iST Glück.

Ralph Waldo Emerson (1803 – 1882),
US-amerikanischer Geistlicher, Philosoph und Schriftsteller

Der amerikanische Traum – Glück als Grundrecht

Die Verfassung der USA verankert das Recht auf das Streben nach Glück (englisch: the pursuit of happiness) im selben Satz wie das Recht auf Leben und Freiheit. Dieses Grundrecht steht jedem amerikanischen Bürger zu, doch wer weiß, wie man dieses Recht in der Realität, im wahren Leben umsetzt und wirklich glücklich wird? David G. Myers, Sozialpsychologe und Professor am Hope College in Michigan (USA), liefert in einem seiner Bücher mit dem Titel „Das Streben nach Glück: Wer ist glücklich und warum" praktische Tipps. Das Buch fasst die Ergebnisse vieler wissenschaftlicher Studien zusammen und nennt als Faktoren für Glück und Wohlbefinden die einfachen Dinge des Lebens. Daraus lassen sich folgende Grundsätze filtern, die zum Erlangen und zum Erhalt eines glücklichen Alltags beitragen:

Das Pflegen enger sozialer Kontakte

Bewegung in der Natur, um den Körper fit zu halten

Ein positives Selbstbild und gesunder Optimismus

Genügend Nahrung – geistige wie körperliche – und ausreichend Schlaf

Produktive, sinnvolle Arbeit und Herausforderungen, die zu bewältigen sind

Wer jeden Tag innehält, um seine positiven Erlebnisse Revue passieren zu lassen und sich sein Glück bewusst zu machen, der erlebt ein gesteigertes Wohlbefinden. Deshalb rät Myers neben den oben genannten Aufgaben für den Alltag zum Führen eines Dankestagebuchs.

Das Glück des Menschen –
ich habe seine tiefsten Gründe gesucht, & das habe ich herausgefunden:
Der Grund liegt nicht im Geld oder
Besitz oder Luxus, nicht im Nichtstun
oder Geschäftemachen, nicht im
Leisten oder Genießen. * *
Bei glücklichen Menschen
fand ich immer als Grund tiefe
Geborgenheit, spontane
Freude an kleinen Dingen
& eine große
Einfachheit.

Phil Bosmans (1922 – 2012),
belgischer Ordenspriester und Schriftsteller

ARMER SCHWARZER KATER
Vorbote für kommendes Unglück oder Glücksbringer?

Bei den Germanen sind Katzen hochgeschätzt, im alten Ägypten werden sie als gottgleich verehrt. Selbst im frühen Christentum erscheinen sie mit positiver Deutung an der Seite der Mutter Maria. Im frühen Mittelalter allerdings wendet sich ihr Schicksal. In Europa gelten Katzen, besonders wenn sie schwarzes Fell haben, als Verkörperung des Bösen und Handlanger von Hexen und Teufel. Spätestens mit der Hexenbulle von Papst Innozenz VIII. haben schwarze Katzen ihr Leben verwirkt und werden verfolgt und getötet. Bis heute bleibt aus dieser Zeit ein negativer Nachgeschmack. Entsprechend negativ sind in vielen europäischen Ländern Assoziationen und Gebräuche rund um die schwarzen Katzen. Nur in England ist das anders: Die ausgesprochen tierlieben Engländer sorgen sich um ihre Katzen genauso wie um andere Haustiere. Ein verirrter Stubentiger ist da schon mal eine Schlagzeile in der Presse wert. Als Glücksbringer etabliert ist die schwarze Katze seit König Charles I., der den Tod seines Haustiers 1649 mit dem Satz kommentiert, sein Glück habe ihn verlassen. Einen Tag später wird er des Hochverrats angeklagt und kurz darauf enthauptet. Seither bedeutet es laut britischem Aberglauben Glück, eine schwarze Katze zu besitzen oder sie nur zu berühren. Kreuzt in England eine schwarze Katze den Weg, bringt das ebenfalls Glück. In anderen europäischen Ländern wie auch in den USA sieht man das als Vorzeichen für kommendes Unglück an. Daher haben es schwarze Katzen oft schwer, ein Zuhause zu finden, besonders wenn sie einmal im Tierschutz gelandet sind. US-amerikanische Tierschützer haben deshalb 2011 einen „Tag der schwarzen Katze" (National Black Cat Day) ins Leben gerufen. Am 17. August jedes Jahres soll er daran erinnern, dass ein schwarzer Pelz kein Grund ist, dem Tier das Glück eines liebevollen Zuhauses zu verwehren.

Globales Glück –
Weltglückstag der Vereinten Nationen

Der 20. März ist von den Vereinten Nationen zum Weltglückstag erklärt worden. Die internationale Gemeinschaft lässt uns das
Glück also offiziell einmal im Jahr feiern. Warum das so ist, erklärt die UN-Resolution 66/281 vom 28. Juni 2012. Glück und
das Streben nach Glück sind hier definiert als ein grundlegendes
menschliches Ziel, das für das Leben der Menschen in aller Welt
bedeutsam ist und deshalb in der öffentlichen Politik anerkannt
werden muss. Außerdem legt die UN fest, dass ein gerechteres,
ausgewogeneres Konzept für Wirtschaftswachstum, das nachhal-
tig Armut beseitigt, zum Wohlergehen und Glück aller Völker
beiträgt. Der „Tag des Glücks" soll deshalb laut UN in angemessener Weise bekannt gemacht und unter anderem mit sinnvoller
Bildungs- und Sensibilisierungsarbeit gefeiert werden. Dass die
UN sich bereits länger mit dem Thema beschäftigt, zeigt ein Vor-
läufer dieser Resolution vom 19. Juli 2011 mit dem Titel „Glück:
auf dem Weg zu einem ganzheitlichen Konzept für Entwicklung"
sowie eine Konferenz der UN im April 2012 mit dem Thema
„Glück und Wohlbefinden: Definition eines neuen ökonomischen
Paradigmas", an der 68 Mitgliedstaaten teilnahmen.

Die Feste feiern, wie sie fallen
Kuriose Glückstage

International gibt es – ohne Anspruch auf Vollständigkeit – folgende Feiertage, die uns glücklicher machen können:

Weltknuddeltag (21. Januar)

Tag der Komplimente (1. März)

Welttanztag (29. April)

Weltlachtag (1. Sonntag im Mai)

Tag des Kusses (6. Juli)

Tag der Schokolade (7. Juli)

Tag der Freude (24. Juli)

Tag der Freundschaft (30. Juli)

Tag des Friedens (21. September)

Weltmusiktag (1. Oktober)

Tag des Lächelns (1. Freitag im Oktober)

Tag der Toleranz (16. November)

Abgesehen vom eher materiellen Aspekt des Glücks, den die UN mit ihrem Weltglückstag hervorhebt, gibt es weitere Feiertage mit dem Thema Glück. Sie können ein Anlass sein, sich das eigene Glück bewusst zu machen, oder einfach ein Grund zum Schmunzeln.

Einige US-amerikanische Feiertags-Ideen zum Thema Glück:

I Want You to be Happy Day (3. März)

National Smile Power Day (15. Juni)

Happiness Happens Day (8. August)

Do Something Nice Day (5. Oktober).

IMPRESSUM

© 2017 arsEdition GmbH, Friedrichstr. 9, 80801 München
Alle Rechte vorbehalten

Textnachweis:
S. 43: „Glück", aus: Hermann Hesse, Sämtliche Werke in 20 Bänden.
Herausgegeben von Volker Michels. Band 10: Die Gedichte.
© Suhrkamp Verlag Frankfurt am Main 2002. Alle Rechte bei
und vorbehalten durch Suhrkamp Verlag Berlin.
S. 86: „Zerbrochenes Glück", aus: Heike M. Sommer, Tuareg Poesie
(Terra). © Cargo Verlag, Schwülper.

In einigen Fällen war es nicht möglich, für den Abdruck der Texte
die Rechteinhaber zu ermitteln. Honoraransprüche der Autoren,
Verlage und ihrer Rechtsnachfolger bleiben gewahrt.

Bildnachweis:
Coverfoto: BassKwong / Shutterstock.com
Fotografien Innenteil: S. 9: Julia Shepeleva / Shutterstock.com; S.
22: seewhatmitchsee / Shutterstock.com; S. 27: Alena Ozerova /
Shutterstock.com; S. 34: Suzanne Tucker / Shutterstock.com; S. 37:
Sergey Kohl / Shutterstock.com; S. 42: slonme / Shutterstock.com;
S. 45: Annette Shaff / Shutterstock.com; S. 49: GagliardiImages /
Shutterstuck.com; S. 55: Lora Sutyagina / Shutterstock.com; S. 59:
donut8449 / Shutterstock.com; S. 62: Dizfoto / Shutterstock.com;
S. 67, 68: iLight photo / Shutterstock.com; S. 74: Suzanne Tucker /
Shutterstock.com; S. 77: Phung Chung Chyang / Shutterstock.com;
S. 81: Boyloso / Shutterstock.com; S. 85: evenfh / Shutterstock.com;
S. 91: Iakov Kalinin / Shutterstock.com; S. 94: Oleksandr Rybitskiy
/ Shutterstock.com; S. 97: kavram / Shutterstock.com; S. 100: Kris
Tan / Shutterstock.com; S. 103: justyle / Shutterstock.com; S. 105:
IM_photo / Shutterstock.com; S. 108: f11photo / Shutterstock.com.

Konzept und Text: Katharina Teimer
Illustration und Gestaltung: Inka Vigh • www.inkavigh.de
ISBN 978-3-8458-2219-8
1. Auflage
www.arsedition.de